Umschlagmotiv: Cinque Terre: Manarola

Herausgeber: Polyglott-Redaktion
Autorin: Wolftraud de Concini
Lektorat: Christine Hamel
Art Direction: Illustration & Graphik Forster GmbH, Hamburg
Karten und Pläne: Huber. Kartographie
Titeldesign-Konzept: V. Barl
Realisation: Studio Wolf Brannasky

Wir danken dem Staatlichen Italienischen Fremdenverkehrsamt ENIT, München, für die uns bereitwillig gewährte Unterstützung.

Ergänzende Anregungen, für die wir jederzeit dankbar sind, bitten wir zu richten an:
Polyglott-Verlag, Redaktion, Postfach 40 11 20, D-80711 München.

Alle Angaben wurden sorgfältig geprüft. Dennoch kann eine Gewähr für Vollständigkeit und Richtigkeit nicht übernommen werden.

Zeichenerklärung

❶ Information
🕐 Öffnungszeiten
☏ Telefonnummer
🖷 Faxnummer
⛴ Schiffsverbindungen
⛺ Campingplatz
🏨 Hotel
Ⓢ⟩⟩ DZ pro Person ab 150 000 Lire
Ⓢ⟩ 70 000–150 000 Lire
Ⓢ bis 70 000 Lire
🍴 Restaurant
Ⓢ⟩⟩ Menü ab 80 000 Lire
Ⓢ⟩ 40 000–80 000 Lire
Ⓢ bis 40 000 Lire

Routenpläne

————①———— Route mit Routenziffer
———————— Autobahn, Schnellstraße
———————— sonstige Straßen, Wege
— ▪ — ▪ — Staatsgrenze, Landesgrenze
– – – – – National-, Naturparksgrenze

Stadtpläne

———————— Durchgangsstraße
- - - - - - - sonstige Straßen
· · · · · · · · Fußgängerzone
= = = = = = Fußweg

Erste Auflage 1996

Redaktionsschluß: November 1995
© 1996 by Polyglott-Verlag Dr. Bolte KG, München
Printed in Germany
Gedruckt auf chlorfrei gebleichtem Papier
ISBN 3-493-62 758-0

Polyglott-Reiseführer

Italienische Riviera
Ligurien

Wolftraud de Concini

Polyglott-Verlag München

Allgemeines

Stadtbeschreibung

Genua – Zwischen Marmorpalazzi und Hafenkneipen S. 21

„Die Stolze" wird die Hauptstadt der italienischen Riviera genannt wegen ihrer Marmorschönheiten, den Palästen und den Prachtbauten der Doria. Bei einem Bummel durch die lebendige Altstadt atmet man noch die Atmosphäre vergangener Zeiten.

Routen

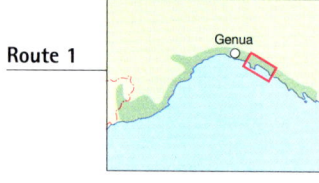

Route 1 **Zwischen Noblesse und VIPs** S. 37

Charme der Jahrhundertwende, noble Ortschaften, grandiose Hotels: Die östliche „Riviera di Levante" ist der Vorzeigesalon Liguriens.

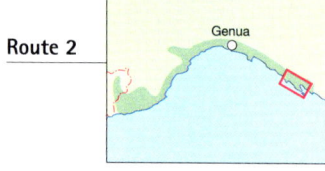

Route 2 **Pittoreske Farbigkeit: Cinque Terre** S. 46

Fischer und Dichter leben noch heute in den vielgerühmten „Cinque Terre", die bei einer Wanderung ebenso spannende Aus- wie Einblicke gewähren.

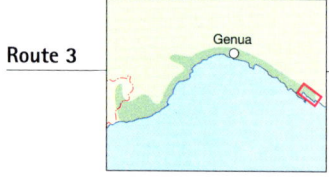

Route 3 **Zwischen Kriegs- und Marmorhäfen** S. 51

Eine Reise an die Küste zwischen Portovenere und Luni, wo römischer Marmor verladen wurde und romantische Dichter und Maler eine zweite Heimat fanden.

Langenscheidt Mini-Dolmetscher

Allgemeines

Guten Tag	Buongiorno [buond**seho**rno]
Hallo!	Ciao! [tschao]
Wie geht's?	Come sta? [**ko**me sta]
Danke, gut.	Bene, grazie. [**bä**ne **gra**tsje]
Ich heiße … .	Mi chiamo … . [mi **kja**mo]
Auf Wiedersehen.	Arrivederci [arriwe**der**tschi]
Morgen	mattina [**mattina**]
Nachmittag	pomeriggio [pomeri**dseho**]
Abend	sera [ßera]
Nacht	notte [**notte**]
morgen	domani [do**mani**]
heute	oggi [od**sehi**]
gestern	ieri [**järi**]
Sprechen Sie Deutsch?	Parla tedesco? [**par**la te**des**ko]
Wie bitte?	Come, scusi? [**ko**me, **sku**si]
Ich verstehe nicht.	Non capisco. [non ka**pis**ko]
Sagen Sie es bitte nochmals.	Lo può ripetere, per favore. [lo pu**o** ri**pä**tere per fa**wo**re]
…, bitte	…, per favore [per fa**wo**re]
Danke	Grazie [**gra**tsje]
Keine Ursache	Prego [**pre**go]
was / wer / welcher	che / chi / quello [ke / ki / ku**ä**llo]
wo / wohin	dove [**do**we]
wie / wieviel / wann / wie lange?	come / quanto / quando / quanto tempo? [**ko**me / **kuan**to / **kuan**do / **kuan**to **täm**po]
Warum?	Perché? [per**ke**]
Wie heißt das?	Come si chiama? [**ko**me ßi **kja**ma]
Wo ist …?	Dov'è …? [do**wä**]
Können Sie mir helfen?	Mi può aiutare? [mi pu**o** aju**ta**re]
ja	sì [ßi]
nein	no [no]
Entschuldigen Sie.	Scusi. [**sku**si]
Das macht nichts.	Non fa niente. [non fa **njän**te]

Sightseeing

Gibt es hier eine Touristeninformation?	C'è un ufficio di turismo qui? [**tschä** un uf**fi**tscho di tu**ris**mo kui]
Haben Sie einen Stadtplan / ein Hotelverzeichnis?	Ha una pianta della città / un annuario alberghi? [a una pj**an**ta **della** tsch**itta** / un annu**ar**jo al**bär**gi]
Wann ist das Museum / die Kirche / die Ausstellung geöffnet?	A che ora è aperto il museo / la chiesa / l'esposizione? [a **ke o**ra ä a**pär**to il mu**se**o / la **kjä**sa / leßposits**jo**ne]
geschlossen	chiuso [**kju**ßo]
Wegen Restaurierung geschlossen.	In restauro. [in re**stau**ro]

Shopping

Wo gibt es …?	Dove posso trovare …? [**do**we **po**sso tro**wa**re]
Wieviel kostet das?	Quanto costa? [**kuan**to **ko**sta]
Das ist zu teuer.	E troppo caro. [ä **tro**ppo **ka**ro]
Das gefällt mir (nicht).	(Non) mi piace. [(non) mi **pja**tsche]
Gibt es das in einer anderen Farbe / Größe?	Ce l'ha anche di un altro colore / un'altra taglia? [tsche la **an**ge di un **al**tro ko**lo**re / un **al**tra **tal**ja]
Ich nehme es.	Lo prendo. [lo **prän**do]
Wo ist eine Bank?	Dov'è una banca? [do**wä** una **ban**ka]
Ich suche einen Geldautomaten.	Dove posso trovare un bancomat? [**do**we **po**sso tro**wa**re un bang**ko**mat]
Geben Sie mir 100 g Käse / zwei Kilo Pfirsiche	Vorrei un etto di formaggio / due chili di pesche. [wor**äi** un **ät**to di for**madseho** / **due ki**li di **pä**sche]
Haben Sie deutsche Zeitungen?	Ha giornali tedeschi? [a d**sehor**nali te**des**ki]
Wo kann ich telefonieren / eine Telefonkarte kaufen?	Dove posso telefonare / comprare una scheda telefonica? [**do**we **po**sso telefo**na**re / kom**pra**re una **ske**da telefo**ni**ka]

Notfälle

Ich brauche einen Arzt / Zahnarzt.	Ho bisogno di un medico / dentista. [o bi**son**jo di un **mä**diko / den**tis**ta]
Rufen Sie bitte einen Kranken-	Chiami un'ambulanza / la polizia, per favore.

wagen / die Polizei.	[kjami un ambulantsa / la politsia per fawore]
Wir hatten einen Unfall.	Abbiamo avuto un incidente. [abjamo awuto un intschidänte]
Wo ist das nächste Polizeirevier?	Dov'è il posto di polizia? [dowä il posto di politsia]
Ich bin bestohlen worden.	Mi hanno rubato. [mi anno rubato]
Mein Auto ist aufgebrochen worden.	Hanno forzato la mia macchina. [anno fortsato la mia makkina]

Essen und Trinken

Die Speisekarte, bitte.	Il menu per favore. [il menu per fawore]
Brot	pane [pane]
Kaffee	caffè / espresso [kaffä / esprässo]
Tee	tè [tä]
mit Milch / Zucker	con latte / zucchero [kon latte / tsukkero]
Orangensaft	succo d'arancia [sukko darantscha]
Mehr Kaffee, bitte.	Un altro caffè, per favore. [un altro kaffä per fawore]
Suppe	minestra [minästra]
Fisch / Meeresfrüchte	pesce / frutti di mare [pesche / frutti di mare]
Fleisch / Geflügel	carne / pollame [karne / pollame]
Beilage	còntorno [kontorno]
vegetarische Gerichte	piatti vegetariani [pjatti vedsehetarjani]
Ei	uova [uova]
Salat	insalata [inßalata]
Dessert	dolci [doltschi]
Obst	frutta [frutta]
Eis	gelato [dsehelato]
Wein	vino [wino]
weiß / rot / rosé	bianco / rosso / rosé [bjangko / rosso / rose]
Bier	birra [birra]
Aperitif	aperitivo [aperitiwo]
Wasser	acqua [akua]
Mineralwasser	acqua minerale [akua minerale]
mit / ohne Kohlensäure	gassata / naturale [gassata / naturale]
Limonade	limonata [limonata]
Frühstück	prima colazione [prima kolatsjone]
Mittagessen	pranzo [prandso]
Abendessen	cena [tschena]
eine Kleinigkeit	uno spuntino [uno spuntino]
Ich möchte zahlen.	Il conto, per favore. [il konto per fawore]

Es war sehr gut / nicht so gut.	Era molto buono / non era buono. [ära molto buono / non ära buono]

Im Hotel

Ich suche ein gutes / nicht zu teures Hotel.	Cerco un buon albergo / un albergo economico. [tscherko un buon albärgo / un albärgo ekonomiko]
Ich habe ein Zimmer reserviert.	Ho riservato una camera. [o riserwato una kamera]
Ich suche ein Zimmer für ... Personen.	Cerco una camera per ... persone. [tscherko una kamera per ... perßone]
Mit Dusche und Toilette.	Con doccia e WC. [kon dotscha e wutschi]
Mit Balkon / Blick aufs Meer.	Con balcone / vista sul mare. [kon balkone / wista sul mare]
Wieviel kostet das Zimmer pro Nacht?	Quanto costa la camera per notte? [kuanto kosta la kamera per notte]
Mit Frühstück?	Con la prima colazione? [kon la prima kolatsjone]
Kann ich das Zimmer sehen?	Posso vedere la camera? [posso wedere la kamera]
Haben Sie ein anderes Zimmer?	Avete un'altra camera? [awete un altra kamera]
Das Zimmer gefällt mir (nicht).	Mi piace la camera / non mi piace. [mi pjatsche la kamera / non mi pjatsche]
Kann ich mit Kreditkarte zahlen?	Posso pagare con carta di credito? [posso pagare con karta di kredito]
Wo kann ich parken?	Dove posso mettere la macchina? [dowe posso mettere la makkina]
Können Sie das Gepäck in mein Zimmer bringen?	Mi può portare i bagagli in camera? [mi puo portare i bagalji in kamera]
Haben Sie einen Platz für ein Zelt / einen Wohnwagen / ein Wohnmobil?	C'è ancora posto per una tenda / una roulotte / un camper? [tschä angkora posto per una tända / una rulott / un kamper]
Wir brauchen Strom / Wasser.	Abbiamo bisogno di corrente / acqua. [abjamo bisonjo di korränte / akua]

Routen

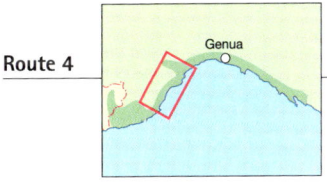

Route 4

Keramik, Kunst und Kammermusik   S. 58

Vom Heute zum Gestern: moderne Kera-
mikkünster in Albisola, mittelalterliche
Künstler in Noli und erste Felszeichnungen in den Höhlen von Toirano.

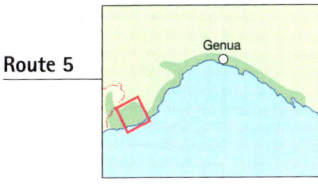

Route 5

Von Oliven, Öl und Nudeln   S. 70

Eine kurvenreiche Fahrt zu den Fein-
schmeckerdörfern und Kunstoasen zwischen Imperia, Taggia, Bussana Vecchia
mit Abstecher zu den Hexen von Triora.

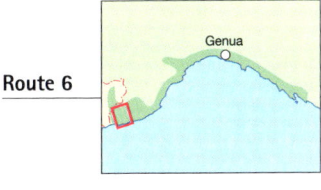

Route 6

Zwischen Mondänität und
Urwüchsigkeit   S. 78

Breite Boulevards in San Remo und enge
Gassen in verwinkelten Dörfern prägen
den Kontrastreichtum dieser Route.

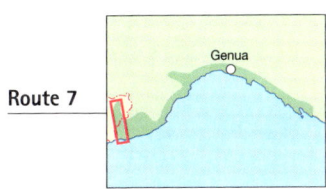

Route 7

Wo die ersten Ligurer
zu Hause waren   S. 87

Lebendiges Gestern zwischen Ventimiglia
und Tenda: Stationen ligurischer
Geschichte.

Bildnachweis

Fremde Kulturen kennenlernen und gastfreundlichen Menschen begegnen – wie sehr genießen wir das auf Reisen. Zu Hause bei uns jedoch wird mancher Ausländer von einer kleinen Minderheit beschimpft, bedroht und sogar mißhandelt. Alle, die in fremden Ländern Gastrecht genossen haben, tragen hier besondere Verantwortung. Deshalb: Lassen Sie es nicht zu, daß Ausländer diffamiert und angegriffen werden. Lassen Sie uns gemeinsam für die Würde des Menschen einstehen.

Verlagsleitung und Mitarbeiter des Polyglott-Verlages

Editorial

Italienische Riviera: ein Traumbegriff, der an Palmen und Agaven denken läßt, an dichte Macchia und riesige Nelkenfelder, an den Amerikaentdecker Christoph Kolumbus und den Geigenvirtuosen Nicolò Paganini. Gewiß, die Riviera ist ein üppig blühendes, betäubend duftendes Sonnenland zwischen Meer und Gebirge. Aber den drei Millionen Gästen, die sie alljährlich besuchen, hat sie nicht nur Blumenpracht und paradiesisch schöne Küsten zu bieten, sondern auch eine jahrtausendealte Geschichte und eine reiche Kultur.

Cinque Terre: Adlerhorsten ähnlich kleben die kleinen Dörfer an der Felsküste

Viel zu wenig bekannt ist die Hauptstadt Genua, die von den Reisenden vergangener Jahrhunderte als „marmorschön" gepriesen wurde, als „eine ganz aus Marmor errichtete Stadt, mit Gärten voller Rosen. Eine Schönheit, die die Seele zerreißt" – wie Gustave Flaubert 1845 schwärmte. Bordighera und San Remo sind alte, an bessere Zeiten gewöhnte Damen, die sich recht gut mit dem modernen Massentourismus zurechtfinden, Portofino möchte seine VIPs vor zudringlicher Neugier schützen, Alassio setzt ganz auf Unterhaltung, Albenga verströmt mittelalterliche Atmosphäre und die immer wieder gerühmten Cinque Terre haben einem sanften Tourismus Einlaß gewährt, um ihre schwindelerregend steilen Weinterrassen nicht von Straßen und Autobahnen zerreißen zu lassen.

Doch die ligurische Mittelmeerküste glänzt nicht nur mit atemberaubender *bellezza;* es gibt es auch die Altstadtprobleme von Genua, die verkehrsgeplagte Via Aurelia, die lieblosen Wohnungsblöcke, die viele Seebäder umschließen. Die Riviera setzt diesen Angriffen aber eine immer noch faszinierende Natur, perfekt organisierte Strandbäder und pittoreske Bergdörfer entgegen. Bisher mit Erfolg.

Die Autorin

Wolftraud de Concini studierte Kunstgeschichte, Romanistik und Sprachwissenschaft. Seit vielen Jahren lebt sie als freie Text- und Buchautorin mit Schwerpunkt Kultur und Reise Italien und Frankreich im Trentino (Italien).

Ligurien – ein Land mit Janusgesicht

Ligurien hat zwei Gesichter. Neben den Badeorten, die sich an der Mittelmeerküste von Bordighera im Westen bis zu den Cinque Terre im Osten wie Perlen aneinanderreihen, darf man das Hinterland nicht vergessen. Zur Region, die seit 150 Jahren als „italienische Riviera" touristisch vermarktet wird, gehören nicht nur die vielgepriesenen Rivieraorte, die mit San Remo und Portofino internationale Glanzpunkte erreichen und alljährlich Hunderttausende sonnenhungriger Badegäste magnetisch anziehen. Da sind auch die stillen Bergdörfer im Landesinneren, die oft nur wenige Kilometer vom Meeresufer entfernt liegen, aber einer anderen, längst vergangenen Zeit anzugehören scheinen. Ligurien hat nur wenig Platz, ist zwischen Meer und Bergen auf engstem Raum zusammengedrängt – was die landschaftlichen Kontraste zwischen üppiger Mittelmeervegetation und strenger Gebirgswelt schärfer akzentuiert. Und die Ligurer unten an der Küste, die seit Jahrhunderten von Seefahrt und Fischfang leben, scheinen mit den Ligurern oben in den Bergen, die dem kargen Boden handtuchgroße Felder abringen müssen, nur wenige Gemeinsamkeiten zu teilen.

Lage und Landschaft

Mit einer Fläche von 5418 km² (was ein knappes Drittel von Sachsen oder ein gutes Drittel von Schleswig-Holstein ausmacht) ist Ligurien – vor dem Molise und dem Aostatal – die drittkleinste Region Italiens. Das zwischen 7,5 und 38 km breite Land drängt sich auf einer Länge von rund 275 km sichelförmig an den Golf von Genua, den nördlichsten Teil des Ligurischen Meeres. Berge und Hügel bilden die *Regione Liguria,* die in der Touristikwerbung zu Recht als farbiger, kontrastreicher Regenbogen propagiert wird und die Alpen mit dem Apennin verbindet; als Koppelungspunkt dieser beiden mächtigen Gebirgsketten wird gemeinhin der 465 m hohe Colle di Cadibona bei Savona angesehen. Höchster Gipfel ist mit 2200 m der in den Westalpen gelegene italienisch-französische Grenzberg Monte Saccarello. Vom schmalen Küstenstreifen gehen überwiegend kurze Gebirgstäler aus. Sie steigen in wenigen Kilometern aus der mediterranen Klimazone mit Palmen, Weinbergen und Olivenhainen bis zur alpinen Zone mit Buchen, Lärchen und dichten Tannenwäldern an – was das ligurische Landschaftsbild äußerst interessant und abwechslungsreich macht. Da sich die Berge dicht an die Meeresküste heranschieben, entstehen klimatische Extreme: Den mediterran geprägten Südhängen stehen Nordhänge gegenüber, an denen man sich mitunter nach Mittel- oder Nordeuropa versetzt glaubt.

Durch die Täler fließen Sturzbäche, die bei starken Regenfällen anschwellen und oft über die Ufer treten – was in jüngster Zeit immer häufiger vorkommt: Die Ufer der Flüsse und Bäche wurden in Zement gefaßt, so daß die Fluten ungehindert ins Tal hinunterschießen. Die Berghänge, die in vergangenen Zeiten das Wasser absorbieren konnten, hat man verbaut und zubetoniert. Die Folge sind verheerende Hochwasser, die – in Genua selbst wie in vielen anderen Küstenorten – Straßen, Kellerräume und Läden überschwemmen. Auch Erdrutsche machen Ligurien zu schaffen, und wer nach langen Regenzeiten ins Landesinnere fährt, sollte sich nach der Befahrbarkeit der Bergstraßen erkundigen.

Daß der Boden bei Regen schnell aufweicht, ist darauf zurückzuführen, daß das Land überwiegend aus weichem Sandstein und leicht erodierbarem Mergel besteht, die sich während der

Kreidezeit (vor 65–130 Mio. Jahren) gebildet haben und sich ganz im Westen und in einem weiten Gebiet östlich von Genua ausdehnen. Die Apenningipfel im Hinterland von Savona und Genua bestehen aus Ophiolithen („Schlangenstein"), zu denen auch das grüne Serpentingestein, ein kristalliner Schiefer gehört, ohne das der faszinierende Helldunkel-Effekt vieler ligurischer Kirchen und Paläste nicht denkbar wäre (ein klassischer Serpentinberg ist der Monte Beigua, s. Exkurs Route 4, S. 65).

Hochinteressant ist auch das Kalkstein- und Dolomitgebiet, das sich vor 200–250 Millionen Jahren im Triasmeer gebildet hatte und die Berglandschaft zwischen Albenga und Savona charakterisiert. Außer Kletterern, die hier griffige Steilwände finden, kommen auch Höhlenforscher auf ihre Kosten. Im Hinterland von Finale Ligure und bei Toirano (wie auch bei Ventimiglia) liegen einige touristisch erschlossene Höhlen, in denen schon die ligurischen Ureinwohner gelebt haben.

Umgeben von Bergen: Apricale

Neben Serpentin und Marmor (bekannt sind der *Portoro* aus Portofino, der rote und grüne Marmor aus Levanto und der grüne Marmor aus Pegli) war in der Region Ligurien auch der Schiefer immer ein äußerst beliebtes Baumaterial. Er wird bis heute in der Valle Fontanabuona bei Lavagna gebrochen, und bei einem Gang durch die ligurischen Ortschaften sollte man die schönen, oft reich verzierten Schieferportale nicht übersehen.

Klima und Reisezeit

Es war das sanfte, milde Klima, das um die Mitte des vergangenen Jahrhunderts die ersten (englischen) Touristen an die italienische Riviera gebracht hatte. Im Gegensatz zu den Gästen von heute, die die ligurischen Badestrände vom späten Frühjahr bis in den ersten Herbst hinein bevölkern, kamen sie zum Überwintern an die Mittelmeerküste – was verständlich wird, wenn

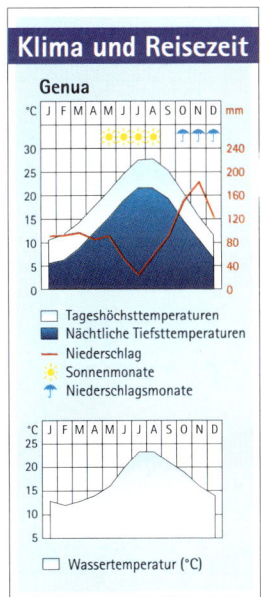

man einen Blick auf die mittleren Temperaturen wirft.

Die durchschnittliche Wintertemperatur sinkt an der Küste selten unter 8 °C und erreicht am Küstenstrich Alassio-San Remo sogar fast 10 °C – Temperaturen, wie man sie in Italien erst wieder am Golf von Neapel antrifft! Sehr angenehm und dank einer frischen Meeresbrise erträglich sind die Sommertemperaturen, die an der Küste zwischen La Spezia und Alassio erträgliche 22 ° bis 24 °C betragen. Zu Schneefällen kommt es in Genua durchschnittlich an ein bis zwei Tagen jährlich, in La Spezia an zwei bis sechs Tagen. Die regenärmsten Monate sind Juli und August.

Ligurien ist rund ums Jahr ein gutes Reiseland. Bade- und Sonnenhungrige werden sich zweifellos für den Sommer entscheiden, kulturbewußte Gäste sollten, weil dann die Straßen weniger verstopft und Hotels und Campingplätze weniger überfüllt sind, das Frühjahr, den Herbst und (warum nicht?) den Winter wählen, der es schon den nebelsatten Engländern angetan hat.

Natur und Umwelt

In Ligurien bestehen (oder entstehen derzeit) 13 Naturschutzgebiete, darunter zehn regionale Naturparks *(Parchi naturali regionali)* und drei regionale Landschaftsschutzgebiete *(Riserve naturali regionali).*

Zu den schönsten Landschaftsschutzgebieten gehört die *Isola Gallinara,* eine elf Hektar große Insel. Nur wenige Kilometer vor der hoffnungslos verbauten Küste gelegen, zeigt sie mit ihrer reichen Flora (über 200 Arten), wie die ligurische Küstenvegetation vor dem Einzug des Massentourismus einmal ausgesehen hat (Besichtigung nur nach Vereinbarung mit den Besitzern möglich).

Das Landschaftsschutzgebiet *Rio Torsero* (4 ha) ist für seine vorzüglich erhaltenen Fossillager aus dem Pliozän (5,2–1,3 Mio. Jahre) bekannt. Der im Hinterland von Chiavari gelegene Naturpark *Aveto* (10 380 ha) umfaßt außer den nördlich der Wasserscheide gelegenen Quellen des Aveto, der zum Einzugsgebiet des Po gehört, auch eiszeitliche Seen und eine reiche, für Feuchtgebiete typische Flora. Der Naturpark *Monte di Portofino* (4650 ha) gehört mit seinen landschaftlichen Schönheiten und seinen kunsthistorischen Sehenswürdigkeiten wie dem Kloster San Fruttuoso zu den Höhepunkten jeder Ligurienreise (s. Route 1, S. 38 f.) – was auch für die berühmten Cinque Terre (s. Route 2, S. 46) gilt, die gemeinsam mit dem Gebiet von Montemarcello durch den Naturpark *Bracco-Mesco – Cinque Terre – Montemarello* (15 390 ha) geschützt werden.

Eine Sehenswürdigkeit für sich ist die 317 km lange Rivieraküste, die überwiegend felsig ist, aber ihren ursprünglichen Charakter nur noch in wenigen Gegenden erhalten hat. Doch Badefans können beruhigt sein: Nur 2,9 % der ligurischen Badestrände waren im Jahr 1994 „off limits" (auf noch bessere Werte kommen nur die Toskana und die nördliche Adria) – wobei die an der westlichen Riviera *(Riviera di Ponente,* Provinzen Imperia und Savona) gelegenen Orte noch besser abschneiden als die der östlichen Riviera *(Riviera di Levante),* wo die Häfen Genua und La Spezia eine große Meeresverschmutzung verursachen.

Ligurien ist die waldreichste Region Italiens: 53 % des Landes sind von Macchia, Buschwald, Buchen, Kastanien und Kiefern bedeckt.

Bevölkerung

In Ligurien leben rund 1,7 Millionen Menschen. Mit 318 Einwohnern pro km² liegt die Bevölkerungsdichte weit über dem gesamtitalienischen Durchschnitt (188), so daß die Region nach Kampanien und der Lombardei die dritthöchste Bevölkerungsdichte verzeichnen kann, obwohl die Einwohnerzahl seit den siebziger Jahren ständig leicht zurückgeht. Der größte Teil der Bewohner drängt sich in dem schmalen Küstenstreifen zusammen (stellenweise über 1000), während in einigen Berggemeinden weniger als 50 Menschen pro km² leben. Neue Arbeitsmöglichkeiten in der Industrie, insbesondere der Tourismusindustrie, sowie das immer schwierigere (Über-)Leben in den oft abgelegenen Bergdörfern haben zu einer Land- und Gebirgsflucht geführt, die immer noch andauert. Die leerstehenden Häuser und die oft ganz verlassenen Dörfer sind heute eine willkommene Bleibe für zivilisationsmüde Nord- und Mitteleuropäer, auch Italiener aus den Nachbarregionen, die im ligurischen Hinterland eine zweite Heimat gefunden haben.

Die Natur läßt sich zu ihrem üppigsten Schauspiel hinreißen

Ligurisch – eine Sprache?

Wer an der Riviera bei Gesprächen der Einheimischen kaum etwas versteht, braucht nicht gleich an seinen Italienischkenntnissen zu zweifeln. Das Ligurische, das zur Gruppe der norditalienischen Dialekte gerechnet wird, ist selbst für andere Italiener ein recht harter, schwer verständlicher Dialekt. Eines seiner Merkmale ist die Tendenz, verschiedene Laute zusammenzuziehen, Konsonanten zwischen Vokalen ausfallen zu lassen und lange u- und o-Laute oder deren Diphthonge in Umlaute zu verwandeln. Was sich für Nichtlinguisten kompliziert anhört, mag an einigen Beispielen verdeutlicht werden: „nuovo" (neu) wird zu *növu*, „nuora" (Schwiegertochter) zu *nöa* und „cuore" (Herz) gar zu *cö*. Originelle Abwandlungen haben auch die Ortsnamen erfahren, die sich oft stark von den offiziellen Versionen unterscheiden: „Genova" heißt bei den Einheimischen *Sena*, „Savona" *Sana*, „Pietra" (Ligure) *Pria*, „Rovereto" *Ruveóu*, „Arenzano" *Aensén*, und man könnte die Beispiele noch beliebig fortsetzen – bis hin zu „San Remo": Es hatte ursprünglich „San Romolo" geheißen, das im einheimischen Dialekt zu *San*

Steckbrief

Region Ligurien (Regione Liguria)

Provinzen: Genua (Genova), Imperia, La Spezia, Savona

Fläche: 5418 km²

Bevölkerung: 1,7 Millionen

Bevölkerungsdichte: 318 pro km²

Hauptstadt: Genua

Einwohner: 680 000

Römu geworden war und als „San Remo" ins Schriftitalienische „übersetzt" wurde.

Wirtschaft

Hotels geben an der Riviera den Ton an: Jährlich 7000 Gäste pro km² genießen ein Dolce vita am Meer: Den Ligurern bringt der Massen-Fremdenverkehr relativen Wohlstand – immerhin avancierte die Region zur drittreichsten Italiens. Da die Ballungsräume des Tourismus fast alle an der Küste liegen, hat man sich im Landesinneren neben der Eisenerzeugung vor allem auf die Lebensmittelindustrie, vornehmlich die Ölgewinnung spezialisiert. In den Städten Liguriens floriert darüber hinaus der Schiffs- und Eisenbahnbau.

Mit Umsatzrekorden warten die ligurischen Häfen auf. Genua ist der bedeutendste italienische Hafen für den internationalen Warenverkehr. Zusammen mit La Spezia und Savona – *der* Exporthafen für Fiat- und Lancia-Autos – deckt Genua ein Fünftel des italienischen Personen- und ein Sechstel des italienischen Warenverkehrs.

An der westlichen Riviera prägt die Blumenzucht mit ihren zahllosen Treibhäusern die Landschaft.

Politik und Verwaltung

Ligurien, offiziell die *Regione Liguria,* ist eine der 20 Regionen, in die Italien aufgeteilt ist. Die Region, deren Hauptstadt Genua (ital. Genova) mit rund 680 000 Einwohnern ist, untergliedert sich ihrerseits in die vier Provinzen Genua, Imperia, La Spezia und Savona.

In politischer Hinsicht ist eine italienische Region äußerst weisungsgebunden. Die eigene Entscheidungsgewalt ist laut Statut sehr begrenzt, auch wenn ein Regionalparlament, -präsident und -ministerrat auf föderale Strukturen deuten. Doch bisher bleiben die Regionen Erfüllungsgehilfen der Zentralregierung in Rom.

Geschichte im Überblick

Altsteinzeit Bis 300 000 Jahre alte Spuren menschlicher Besiedlung in verschiedenen ligurischen Höhlen.

Bronzezeit In der Vallée des Merveilles entstehen Zehntausende von Felszeichnungen.

6. Jh. v. Chr. Die Ligurer werden von einfallenden Galliern aus der Po-Ebene vertrieben, ein Teil läßt sich im heutigen Ligurien nieder.

180 v. Chr. Die römische Eroberung Liguriens gilt als abgeschlossen.

5.–6. Jh. Nach dem Niedergang des Römischen Reiches beginnen wirre Zeiten. Das Land wird von Herulern und Goten heimgesucht, kommt dann unter byzantinische Herrschaft.

641 Genua wird vom Langobardenkönig Rothari erobert.

10. Jh. Um die Jahrhundertmitte wird Ligurien vom italienischen König Berengar II. in drei Marken aufgeteilt.

11.–12. Jh. Kreuzzüge und Orienthandel bringen wirtschaftlichen Wohlstand. Infolge der Schwächung der Feudalherrschaft machen sich die bedeutendsten Städte selbständig.

13. Jh. Genua besiegt die rivalisierenden Seerepubliken Pisa und Venedig.

1339 Simone Boccanegra wird in Genua zum ersten Dogen gewählt, die innerstädtischen Machtkämpfe und die Rebellionen der anderen Städte dauern weiterhin an.

1378–1381 Genua unterliegt Venedig im Chioggia-Krieg und verliert seinen Einfluß im Orienthandel. Es wird jahrzehntelang zum Spielball ausländischer Mächte (Visconti und Sforza aus Mailand, Frankreich).

1528 Andrea Doria befreit Genua von den Franzosen und steht der Stadt 30 Jahre lang als Alleinherrscher vor.

1576 Genua bekommt eine republikanische Verfassung und verteidigt seine Unabhängigkeit gegen die Angriffe der Savoyer (1673), der Franzosen (1684) und der Österreicher (1746).

1797 Die genuesische Adelsrepublik wird vom französischen Revolutionsheer erobert und in die demokratische, von Frankreich abhängige Ligurische Republik verwandelt.

1805 Die Ligurische Republik wird Frankreich angeschlossen.

1814 Auf Beschluß des Wiener Kongresses wird Ligurien als „Herzogtum Genua" dem savoyischen Königreich Sardinien einverleibt.

1821–1834 Unterdrückung dreier antisavoyischer Aufstände der Ligurer.

1849–1859 Die ligurischen Freiheitskämpfer Giuseppe Mazzini, Giuseppe Garibaldi, Goffredo Mameli und Nino Bixio tragen entscheidend zur nationalen Einigung Italiens bei.

1860 Nizza und das Umland werden an Frankreich abgetreten.

1861 Ligurien wird Teil des neuen Königreichs Italien unter Vittorio Emanuele II.

1887 Schweres Erdbeben in Westligurien.

1943 Eine starke Widerstandsbewegung rettet bei Kriegsende die Werften und andere Industriebetriebe vor der Zerstörung durch die deutsche Armee.

1947 Das mittlere und obere Roia-Tal wird bis zum Colle di Tenda an Frankreich abgetreten (Pariser Vertrag).

1948 Ligurien (Liguria) wird eine der 20 Regionen der Republik Italien.

1992–1994 Schwere Hochwasserkatastrophen an der Rivieraküste und im ligurischen Hinterland.

Die Zeiten an der Riviera waren nicht immer friedlich

Formvollendung im Palazzo Ducale von Genua

Neptun ist ein beliebtes Motiv der Kunst in Ligurien

Andrea Doria

In den italienischen Geschichtsbüchern wird er als Held und Retter Liguriens verherrlicht. In Wirklichkeit war Andrea Doria ein cleverer, recht wetterwendischer Söldnerführer, dem es dank geschickter politischer Schachzüge gelang, sich zum jahrzehntelangen Herrscher Genuas aufzuschwingen.

Andrea Doria, Adliger von Geburt, kommt 1466 in Oneglia zur Welt, tritt nach dem Tod der Eltern mit 17 Jahren die militärische Laufbahn an und beginnt, den verschiedensten Herren zu dienen, darunter Papst Innozenz VIII., Federico von Urbino, den neapolitanischen Königen Ferdinand I. und Alfons II. Doria bekämpft einen Volksaufstand auf Korsika, wird zum Piratenschreck und vermietet Schiffe, besiegt 1521 die päpstlich-kaiserliche Flotte (Papst Leo X. und Kaiser Karl V.), die Genua zu erobern sucht und stellt seine Schiffe in den Dienst des Franzosenkönigs Franz I. Gemeinsam mit seinem Cousin Filippino zerschlägt er im April 1528 erneut die Flotte Kaiser Karls V., wendet dann aber unvermittelt sein Fähnchen und tritt wenige Wochen später mit seiner Flotte in kaiserliche Dienste. Ehrgeizig und machtbewußt wie er ist, verlangt er als Gegenleistung Unabhängigkeit und Handelsfreiheit für Genua. Mit Unterstützung von Karl V. wird er strenger Diktator der Stadt. Als oberster Beamter gibt er Genua eine aristokratische Verfassung, die ihm seinen Machtanspruch sichert. 30 Jahre bestimmt der Admiral die Geschicke der Stadt, bis er 1560 stirbt.

Die einzigartige Pracht Genuas, das sich zur tonangebenden Finanzmacht entwickelte, verdankt die Stadt einzig seinem Repräsentationswillen.

Kultur gestern und heute

Ligurien gehört zwar nicht zu den großen Kunstlandschaften Italiens. Aber auch hier gibt es Gelegenheit genug, einen Badeurlaub mit dem Besuch von Museen, Kirchen, historischen Palästen oder von Musik- und Theaterfestivals kulturell zu bereichern.

Die ältesten ligurischen Kunstwerke – die zwischen 5000–6000 Jahre alten *Felszeichnungen* am Mont Bégo – sind nicht ganz mühelos zu erreichen: Sie liegen auf französischem Territorium und setzen eine mehrstündige Bergtour voraus. Die bronze- und eisenzeitlichen, rätselhaften *Stelenstatuen* aus der liguriennahen Lunigiana stellt das Museum von La Spezia aus. Römischen Baueifer und Triumphwillen belegen noch heute die *Römerstraße* zwischen Albenga und Alassio, fünf *römische Brücken* in der Val Ponci bei Finale sowie die Ruinen *römischer Villen* in Bussana und San Remo. Doch die besterhaltenen Bauwerke der römischen Antike findet man in Ventimiglia, dem „Albintimilium" der Römer, und in Luni, wo ein Forum, ein Dianatempel, die Villen *Casa dei mosaici* und *Casa degli affreschi* von der einstigen Bedeutung des römischen Marmorhafens zeugen und im Amphitheater auch heute kulturelle Veranstaltungen stattfinden.

Unendlich lang ist das Verzeichnis der Ortschaften, die mit mittelalterlicher Kunst und Architektur aufwarten können. Zu den ganz großen Werken, die sich kein Besucher entgehen lassen sollte, sind das frühchristliche Baptisterium und der Dom in *Albenga* zu zählen, die Basilica dei Fieschi bei *Chiavari* und die Abbazia di Borzone in ihrem Hinterland, das Baptisterium, die Kathedrale und die Kirche San Michele in *Ventimiglia*, die Klosterkomplexe San

Domenico in *Taggia* und San Fruttuoso di Capodimonte bei *Portofino*, die Kirchen San Paragorio in *Noli* und San Pietro in *Portovenere*. Zu einer Hochburg gotischer Malerei mit ersten Renaissanceanklängen wurde in der zweiten Hälfte des 15. Jhs. das Dominikanerkloster in *Taggia*, wo der Piemonteser *Giovanni Canavesio* (2. Hälfte 15. Jh.) und der einheimische *Ludovico Brea* (um 1450-1523) tätig waren. Zur gleichen Zeit schmückten lokale Steinmetzen Paläste und Kirchen mit kunstvollen gotischen Schieferportalen, die in kaum einer Ortschaft fehlen.

Temperament in das etwas provinzielle ligurische Kunstambiente bringt der

Stelen aus der Eisenzeit belegen eine lange Zivilisation

Veranstaltungskalender

Zum Kulturangebot an der Riviera gehören vor allem auch zahlreiche Volksfeste:

Sebastiansfest in Dolceacqua und Camporosso (um den 20. Jan.): Ein mit farbigen Hostien geschmückter Lorbeerbaum wird durch den Ort getragen.

Osterprozessionen: Gründonnerstag und Karfreitag in Ceriana, am Karfreitag in Savona und in Triora.

Sagra del pesce in Camogli (1. Maisonntag): In einer riesigen Bratpfanne werden zentnerweise Fische gebraten und gratis an die Gäste verteilt.

Festa della barca (Pfingstsonntag): Ritueller Tanz um einen mit frischen Zweigen geschmückten Baumstamm, der auf heidnische Fruchtbarkeitskulte zurückgeht.

Infiorata in Diano Marina und Sassello (So nach Fronleichnam): Die Straßen der Städtchen verwandeln sich in Blumenteppiche.

Johannisfest in Genua (24. Juni): feierliche Prozession zum Patronatsfest.

Nostra Signora di Montallegro in Rapallo (1.-3. Juli): Prozession und Feuerwerk an der vielbesuchten Wallfahrtskirche.

Stella Maris in Camogli (1. Augustsonntag): stimmungsvolle Bootsprozession.

Palio del Golfo in La Spezia (1. Augustsonntag): Fest auf dem Meer mit Bootsregatta und Feuerwerk.

Corteo Storico in Ventimiglia (1. Augustsonntag): Umzug in historischen Kostümen zur Erinnerung an ein geschichtliches Ereignis.

Torta dei Fieschi in Lavagna (13. und 14. Aug.): Fest zur Erinnerung an eine mittelalterliche Fieschi-Hochzeit mit Riesentorte, Ritterturnier und historischem Umzug.

Cristo degli Abissi in San Fruttuoso (28. Aug.): Taucher begeben sich zur bronzenen Christusstatue auf dem Meeresgrund.

Regata dei Rioni in Noli (2. Septembersonntag): Ruderregatta der vier Stadtteile mit farbenprächtigem historischem Umzug.

Santa Lucia in Toirano (13. Dez.): Luciafest mit Fackelzug.

florentinische Maler *Perin del Vaga,* der den genuesischen Palazzo Doria 1530 mit prachtvollen Fresken ausmalt und über seinen Nacheiferer *Luca Cambiaso* (1527–1585) auf ganze Künstlergenerationen nachwirkt (im 17. und frühen 18. Jh. Bernardo Strozzi, Domenico Piola, Bernardo Castello, Gregorio und Lorenzo De Ferrari).

Kurz vor der Mitte des 16. Jhs. kommt der umbrische, in Rom geschulte Baumeister *Galeazzo Alessi* nach Genua, realisiert hier mit der 1548 begonnenen Renaissancevilla Giustiani-Cambiaso das Vorbild für unzählige Stadtpaläste und Landvillen, die in den darauffolgenden zwei Jahrhunderten an der Riviera entstehen sollten.

Ein neuer Bauboom setzt dann in der zweiten Hälfte des 19. Jhs. ein, als die Riviera vom Fremdenverkehr entdeckt wird und die Neubauten, besonders an der westlichen Riviera, vom Historismus (Bauten von Charles Garnier in Bordighera) und vom Jugendstil beeinflußt werden. Einer der ideenreichsten zeitgenössischen Architekten Italiens, *Pier Luigi Nervi,* entwirft 1960 den Bahnhof von Savona.

Aus Ligurien stammt auch der in Genua geborene Komponist und Violinvirtuose *Niccolò Paganini* (1782–1840), der bereits als Kind für Furore sorgte. 1808 trat er seinen legendenumworbenen Siegeszug durch Europa an, bei dem er seine Zeitgenossen mit unzähligen, damals noch unbekannten Kunstgriffen frappierte.

Der Dichter *Eugenio Montale* (1896 bis 1981) wurde 1975 mit dem Nobelpreis für Literatur ausgezeichnet. Montale kehrte immer wieder, als er längst schon in Florenz, später in Turin und Mailand lebte, in seine ligurische Heimat zurück in das Haus seiner Eltern nach Monterosso. Auch der Schriftsteller *Italo Calvino* (1923 bis 1985), ein grandioser Erzähler zwischen Wirklichkeit und Fiktion, hat einen Teil seiner Kindheit und Jugend in Ligurien verbracht.

Essen und Trinken

Die ligurische Küche ist eine Bauernküche. An dieser Tatsache ändern auch die vielen Rivierarestaurants nichts, die ihren Gästen Fisch in allen Varianten und Saucen präsentieren. Wie die Ligurer – trotz ihrer über 300 Kilometer langen Mereskünste, trotz ihrer glorreichen Seefahrtsgeschichte – ihrem Wesen nach eher traditionsbewußte Bauern sind als weltoffene, abenteuerlustige Seefahrer, so ist auch die echte ligurische Küche stark vom Land und von den Bodenprodukten des hügeliggebirgigen Hinterlandes geprägt.

Hauptzutat der *Trenette con pesto,* des ligurischen Leib- und Magengerichtes, ist Basilikum, das hier besonders kräftig duftet und das sich schon die einheimischen Seefahrer auf ihre monatelangen Reisen mitnahmen, um sich vor Vitaminmangel und damit vor Skorbut zu schützen. Doch mit der im Mörser zubereiteten *Pesto*-Sauce, zu der außer Basilikum geriebener Käse, viel Knoblauch und reines Olivenöl gehören, werden nicht nur die *Trenette*-Bandnudeln serviert, sondern auch Lasagne.

Eine ganz besondere Rolle spielen in der ligurischen Küche die *ceci,* kleine, gelbe Kichererbsen, die eigentlich aus orientalischen Kochtöpfen stammen und vielleicht ein Souvenir der ligurischen Seefahrer aus dem Morgenland waren. Kichererbsen sind die Grundlage für eine kräftige *Mesciua* und ein *Zimino di ceci,* zwei Gemüsesuppen, sowie für die zwei Klassiker der einheimischen Gastronomie, die *Panissa* und die *Farinata.* Bei der *Panissa* handelt es sich um eine Art Kichererbsenbrei, der in Scheiben geschnitten und in Öl gebraten wird, bei der *Farinata* um einen dünnen Fladen aus Kichererbsenmehl, den man in volkstümlichen „Farinotti"-Lokalen kosten sollte. Ein anderes, typisches Gericht dieser Armeleuteküche, die hoch im Kurs steht, ist die *Focaccia*, ein aus Brotteig geformter, mit Öl begossener, im Ofen gebackener Fladen.

Beliebte Vor- oder Hauptgerichte sind gesalzene Torten, von denen die mehrschichtige, mit Gemüse, Eiern und anderen Zutaten gefüllte *Torta pasqualina* die bekannteste ist. Viel Zeit und Aufmerksamkeit verlangt die Zubereitung eines *Cappon magro*, einer aus sechs oder sieben verschiedenen Fischen und ebenso vielen Gemüsen zusammengestellten, mit Eiern, Krebsen, Austern und anderen Meeresfrüchten kunstvoll dekorierten Pyramide, die man in den Restaurants aber nur auf Vorbestellung bekommt. Bei den Fleischgerichten wird Hühnern und Kaninchen der Vorzug gegeben, bei den Fischen sind die (natürlich gefüllten) Sardinen und der variantenreich zubereitete Stockfisch beliebt.

Zu einem guten Essen gehört auch ein guter Tropfen, wie der weiße, delikate *Cinque Terre,* der rote, vollmundige *Rossese di Dolceacqua* und der weiße und rote, leicht fruchtige *Colli di Luni.*

Fisch ist Grundnahrungsmittel

Man trifft sich noch und schwelgt in alten Liedern

Ligurisches Olivenöl

„San Françescu, oieu frescu" heißt ein altes ligurisches Sprichwort: „Hl. Franziskus, frisches Öl". Denn um den 4. Oktober, das Fest des hl. Franz von Assisi, beginnt an der Riviera die Olivenernte. Zuerst wird in den mildesten Küstenzonen geerntet, später kommen höher gelegene Gebiete an die Reihe, und manchmal zieht sich die Ernte bis gegen Ostern hin. Mehrere Methoden kommen zur Anwendung: Bei der *abbacchiatura* werden die reifen, fast schwarzen Oliven mit langen Stöcken von den Bäumen gehauen – was sowohl die Bäume als auch die Früchte beschädigen kann. Am meisten verbreitet ist heute die Ernte mit riesigen, farbigen Nylonnetzen, die unter den Ölbäumen aufgespannt werden, wenn die Bauern kräftig schütteln. Doch das beste Öl gewinnt man aus Oliven, die direkt vom Baum gepflückt werden – was langwierig und kostspielig ist und das Öl entsprechend teuer macht. Aus Ligurien kommt das goldgelbe, schmackhafte *Olio extra vergine di oliva,* das in der Küche Alleinherrscher ist und keinen Platz für Butter, Margarine oder Schmalz läßt. Olivenöl wird in fast allen italienischen Regionen gewonnen. Aber wegen seiner Milde und seines niedrigen Säuregehalts steht ligurisches Öl bei Kennern in sehr hohem Ansehen.

Urlaub aktiv

Die Riviera ist für Wasserratten und Bergsteiger gleichermaßen ein Urlaubsparadies. Wer seinen Urlaub aktiv gestalten will, der findet hier eine große Palette von Angeboten und Möglichkeiten.

Baden: An der 317 km langen Rivieraküste fehlt es nicht an geeigneten Bademöglichkeiten. Doch nur die wenigsten Strände sind frei zugänglich. Einerseits gehört zu vielen Hotels ein eigener, privater Badestrand, andererseits gibt es in Ligurien nicht weniger als 460 *stabilimenti balneari,* sog. Badeanstalten. Dabei handelt es sich jedoch nur um abgesperrte Strände, für die Eintrittsgelder erhoben werden. Das können malerische Badebuchten sein sowie lange, meist kinderfreundliche Sand- und Kieselstrände.

Wer Ruhe sucht, sollte sich zum Baden an die Felsküste zurückziehen, die allerdings oftmals schwer zugänglich ist.

Golf: In Ligurien gibt es fünf landschaftlich schön gelegene Golfplätze: zwei 9-Loch-Plätze liegen in Arenzano (Prov. Genua) und in Marigola bei Lerici (Prov. La Spezia), drei 18-Loch-Plätze in Garlenda (Prov. Savona), Rapallo (Prov. Genua) und San Remo (Prov. Imperia).
❶ Federazione Italiana Golf (FIG), Comitato Regionale Liguria, Piazza Rossetti 5/9, I-16129 Genova, ☎ 010/592410.

Reiten: Immer beliebter werden auch in Ligurien die Ferien hoch zu Roß. Vor allem das hügelige und gebirgige Hinterland eröffnet ein breites Spektrum für Ausritte, Tagesausflüge und mehrtägige Pferdetrekkingtouren.
❶ Fremdenverkehrsämter und Associazione Nazionale per il Turismo Equestre (ANTE), Vico Campetto 10, I-16123 Genova, ☎ 010/291419.

Segeln: Was schon die alten Ligurer und die Römer zu nutzen wußten, kommt auch heute den Segelfreunden zugute: Die italienische Riviera besitzt viele günstige Anlegeplätze, die zu gut ausgestatteten Segel- und Jachthäfen ausgebaut worden sind. In den größten Badeorten können Segelboote ausgeliehen werden.
❶ Federazione Italiana Vela, Comitato Regionale, Viale Brigata Bisagno 2/17, I-16129 Genova, ☎ 010/589431 und lokale Fremdenverkehrsämter.

Surfen: In fast allen Badeorten gibt es auch Surfmöglichkeiten mit Schulen und Surfbrettverleih.
❶ Lokale Fremdenverkehrsämter.

Wandern und Klettern: Da auch die Italiener zunehmend Spaß am Wandern haben, werden in den ligurischen Alpen und im ligurischen Apennin immer mehr neue Wanderwege erschlossen. Alpinisten kommen an den Kletterwänden am Pietravecchia im westlichen Ligurien, um Albenga und im Gebiet von Finale Ligure auf ihre Kosten.
❶ Club Alpino Italiano (CAI), Piazza Palermo 11, I-16129 Genova, ☎ 010/310584.

Wintersport: Mildes Rivieraklima und Wintersport schließen einander nicht aus. Freunde des weißen Sports kommen in den drei ligurischen Wintersportgebieten auf ihre Kosten: *Alberola bei Sassello,* am Nordhang des 1287 m hohen Monte Beigua (Prov. Savona, ❶ IAT, Via Marconi 3, I-17046 Sassello SV, ☎ 019/724020, 🖷 827805); *Monesi di Triora* am 2200 m hohen Monte Saccarello (Prov. Imperia, ❶ Pro Loco, Corso Italia 7, I-18010 Triora IM, ☎ 0184/94477) und vor allem *Santo Stefano d'Aveto,* dem am besten ausgestatteten Skisportzentrum Liguriens (Prov. Genua, ❶ APT, Piazza del Popolo 1, I-16049 Santo Stefano d'Aveto GE, ☎ 0185/88046).

Über die Tourenskimöglichkeiten informiert man sich am besten beim Club Alpino Italiano (CAI) (s. „Wandern").

Unterkunft

Mit fast 2500 Hotels und mehr als 180 Campingplätzen kann die italienische Riviera Unterkünfte für jeden Geschmack und Geldbeutel bieten. Die **Hotels,** die größtenteils in den Badeorten liegen und durchwegs mitteleuropäischen Ansprüchen genügen, werden nach Komfort und Service von einem Stern (einfach) bis zu fünf Sternen (Luxushotel) klassifiziert.

Außer in Hotels *(hotel* oder *albergo)* kann man sein müdes Haupt auch in Pensionen *(pensione)* und Frühstückspensionen *(garni)* betten. Für einen Urlaub in der Hochsaison (Juli-Aug.) ist die Unterkunft aber unbedingt im voraus zu buchen; oft werden die Zimmer nur mit Halb- oder auch Vollpension vermietet. Das Frühstück ist im Zimmerpreis nicht immer inbegriffen. Im Winter sind viele Hotels in den Küstenorten geschlossen, während einfachere Häuser im Hinterland meist ganzjährig geöffnet bleiben.

❶ Hotelverzeichnisse sind bei den ENIT-Büros in Deutschland, Österreich und der Schweiz, beim *Servizio Promozione Turistica della Regione Liguria,* Via Fieschi 15, I-16121 Genova, ☎ 010/5484918, 🖷 541046 und (für die einzelnen Orte) bei den jeweiligen Informationsbüros erhältlich.

Bootstreffen im Hafen von Lerici

Da Ligurien mit **Campingplätzen** der verschiedenen Kategorien (1–4 Sterne) reichlich ausgestattet ist, haben Campingfreunde hier nur die Qual der Wahl – sofern sie sich an der Küste aufhalten. Doch trotz des reichen Angebotes ist in der Hochsaison rechtzeitige Anmeldung geboten, da viele Plätze von Dauercampern belegt sind.

Die nicht in Badeorten oder in unmittelbarer Nähe dazu gelegenen Campingplätze kann man an den Fingern einer Hand abzählen. Abseits der Küste

Großfürstliches Wohnen hat an der Riviera Tradition

ist man somit auf freie Übernachtungsplätze angewiesen, die in kleinen Ortschaften zu finden sind. In mehreren Küstenorten ist das Übernachten in Wohnmobilen auf öffentlichen Parkplätzen untersagt.

❶ Ein Verzeichnis der ligurischen Campingplätze erhält man beim *Servizio Promozione Turistica della Regione Liguria*, Via Fieschi 15, I-16121 Genova, ☎ 010/5484918. Eine gute, stichhaltige Auswahl vermittelt der jährlich erscheinende ADAC-Campingführer.

Sehr beliebt ist auch der Aufenthalt in **Ferienwohnungen** und **Mietvillen**. Auskunft über die unterschiedlichen Angebote erteilen die örtlichen Fremdenverkehrsämter.

Wer Kontakt mit der Natur (und mit den Einheimischen) sucht, ist mit dem **Agriturismo** gut beraten. Diese Art „Urlaub auf dem Bauernhof" in Italien gewinnt zunehmend bei Familien mit Kindern an Beliebtheit und bietet auch an der Riviera eine interessante Urlaubsalternative. Landwirte vermieten Zimmer oder Appartements unterschiedlicher Ausstattung und Preislage. Oft werden auch Produkte aus dem eigenen (ökologischen) Anbau verkauft.

❶ Örtliche Fremdenverkehrsämter und Agriturist Regionale, Via Invrea 11/10, I-16129 Genova.

An der italienischen Riviera gibt es vier **Jugendherbergen** (Finale Ligure, Genua, zwei in Savona), von denen allerdings nur das *Albergo per la Gioventù* „Priamar" in Savona und das Jugendhotel in Genua ganzjährig geöffnet sind. Die Jugendherbergen „Wuillermin" in Finale und „Villa de Franceschini" in Savona sind von Mitte September bis Mitte März geschlossen, die Jugendherberge „Cristoforo Colombo" in Genua vom 22. Dezember bis zum 22. Januar.

❶ Associazione Italiana Alberghi per la Gioventù (AIG), Comitato Regionale, Salita Salvatore Viale 1/18, I-16128 Genova, ☎ 010/586407.

Reisewege und Verkehrsmittel

Mit dem Auto: Die Hauptrouten zur Riviera führen über Österreich und den Brennerpaß sowie über den Schweizer Kleinen St. Bernhard und den Gotthard. In der Po-Ebene finden diese Straßen und Autobahnen Anschluß an das dichte norditalienische Autobahnnetz, das in La Spezia, Genua und Savona auf die ligurische Küstenautobahn trifft. Die italienischen Autobahnen sind mautpflichtig.

Mit der **Bahn** ist Genua von den größten Städten Deutschlands aus direkt zu erreichen. Viele Züge fahren von der ligurischen Hauptstadt aus weiter bis Ventimiglia im Westen oder bis La Spezia im Osten.

Der einzige **Flughafen** Liguriens in Genua („Cristoforo Colombo," 7 km) wird täglich von Frankfurt/Main und München aus angeflogen.

Reisen im Land: Für Autos gelten folgende Tempolimits: 50 km/h in geschlossenen Ortschaften, 90 km/h auf Landstraßen, 110 km/h auf Schnellstraßen, 130 km/h auf Autobahnen. Die Polizeikontrollen sind strenger geworden; sowohl übermäßiger Alkoholkonsum als auch hohe Geschwindigkeitsüberschreitungen können den Führerschein kosten. Kein Problem ist die Versorgung mit bleifreiem Benzin *(benzina verde* oder *benzina senza piombo).* Ein ideales Verkehrsmittel, um den häufigen Verkehrsstaus an der Küste auszuweichen, ist die *Bahn.*

Unerläßlich sind die *Busse,* die für die Verbindungen mit den im Hinterland gelegenen Ortschaften sorgen.

Für *Motorradfans* bietet das ligurische Hinterland mit seinen kurvenreichen Straßen geradezu ein ideales Gelände.

*Genua

Zwischen Marmorpalazzi und Hafenkneipen

Ein Häusermeer tut sich bei der Ankunft im Hafen von Genua auf

Von seiner schönsten Seite präsentiert Genua sich bis heute dem Schiffsreisenden: unten der lebendige Hafen, darüber am Berghang zusammengedrängt die helle, leuchtende Stadt. Marmorne Prachtbauten haben ihr vor Jahrhunderten den Beinamen „Die Stolze" eingebracht, Madame de Staël bezeichnete die Via Garibaldi als „Rue des Rois". Nicht zu Unrecht: Die Doria herrschten hier mit der großzügigen Macht- und Prachtentfaltung von Königen. Aber trotz seines Kunstreichtums, trotz seiner vielen interessanten Museen ist Genua unter den italienischen Städten eine etwas verkannte Schönheit. Malerisch, wenn auch dringend sanierungsbedürftig ist die riesige Altstadt, in deren schmalen, dunklen Gassen man noch die Atmosphäre vergangener Zeiten atmen und in Fischerkneipen einkehren kann. Prachtvolle Stadtpanoramen genießt man vom Righi-Belvedere und den Forts; Genuas „chinesische Mauer" verteidigte die Stadt einst gegen feindliche Überfälle von der Landseite.

Weite Plätze geben Genua mitunter imperiales Flair

Wer sich Genua (678 770 Einw.) vom Meer her nähert, hat auch heute noch einen ganz ähnlichen Eindruck wie Heinrich Heine während seiner „Reise von München nach Genua" im Jahr 1829: „Sie ist auf einem Felsen gebaut, am Fuße von amphitheatralischen Bergen, die den schönsten Meerbusen gleichsam umarmen. Die Genueser erhielten daher von der Natur den besten und sichersten Hafen." Und eben dieser Hafen spielte in der mehr als 2500jährigen Geschichte der Stadt immer die Hauptrolle.

Prachtvolle Architektur prägt das Stadtbild

Stadtgeschichte

Die vorrömischen Ligurer hatten von diesem Ankerplatz aus Handel mit Griechen und Etruskern, Phöniziern und Kelten getrieben, und auch die Römer, denen Genua in den Punischen Kriegen treu zur Seite stand, wußten die günstige Lage der Stadt zu schätzen.

Nach ostgotischer, byzantinischer, langobardischer und fränkischer Herrschaft begann Genua Selbstbewußtsein zur Schau zu stellen. Es lehnte sich gegen die gefürchteten Sarazenen auf, wagte sich auf das Meer vor, um die Piraten zu bannen. Das Meer schien den genuesischen Seemännern und Kaufleuten zu gefallen: Sie segelten zuerst nach Korsika und Sardinien, nahmen dann an den Kreuzzügen teil, gründeten im Orient Handelsniederlassungen und brachten reichste Beute und die Reliquien von Johannes dem Täufer mit in die Heimat. Es kam zu Rivalitäten und kriegerischen Auseinandersetzungen mit Pisa, das 1284 in der Meloria-Seeschlacht vor Livorno besiegt wurde, und mit Venedig, das (vorerst) in der Schlacht bei der dalmatinischen Insel Curzola unterlag. Genua hatte Besitzungen und Niederlassungen in Konstantinopel und am Schwarzen Meer, in Armenien und Syrien, besaß Korsika und einen Teil Sardiniens, Häfen und Warenlager in Nordafrika: Es war eine der Großmächte der Welt.

Doch statt Reichtum und Macht friedlich zu genießen, beginnen die einheimischen Familien einander zu bekämpfen: Fieschi, Grimaldi, Guarchi und Montalto kontra Doria, Spinola, Adorno und Fregoso. Genua wird von den Aragonesen bedroht und von Venedig besiegt, muß sich der Schutzherrschaft der unterschiedlichsten Herren unterstellen, verliert mit der Entdeckung Amerikas seine Bedeutung als Seemacht und läuft Gefahr, in den französisch-spanischen Kämpfen erdrückt zu werden. Doch da tritt Andrea Doria auf den Plan, ein geschickter, kriegserprobter Admiral. Er kehrt seinem bisherigen Herrn, dem französischen König Franz I., den Rücken und umwirbt dessen Erzfeind, den habsburgischen Kaiser Karl V., mit Geld und Flotten. Genua wird im Jahr 1528 zur selbständigen Republik ausgerufen, Andrea Doria ist bis 1560 ihr absoluter Herr – trotz der (dank Schiller Literatur gewordenen) „Verschwörung des Fiesco zu Genua" im Jahre 1547, die nur wegen eines tragischen Fehltritts mißlang: Gian Luigi Fieschi stand kurz vor dem Sieg über den Feind Andrea Doria, als er auf einem Schiffsdeck ausrutschte, mitsamt Waffen und Rüstung ins Meer stürzte und ertrank. Und von diesem Moment an wurden die Fieschi, die erbittertsten Doria-Feinde, für immer aus der genuesischen Geschichte gestrichen.

Auf der politischen Weltbühne hatte Genua Macht und Einfluß eingebüßt, erlebte aber im 16. und 17. Jh. eine wirtschaftliche Blütezeit. Es entstanden neue Kirchen, glanzvolle Paläste nach dem Vorbild des von Andrea Doria erbauten Palazzo Doria: Prachtstraßen, die von europäischen Reisenden bewundert wurden. Dann wieder war Genua verschiedenen Staaten ausgeliefert, die die Stadt belagerten und angriffen: Savoyer, Franzosen, Österreicher, und zu napoleonischer Zeit erneut Franzosen, Engländer, Österreicher und wieder Franzosen, bis die genuesische Republik mit dem Wiener Kongreß 1814 schließlich zu Piemont kam und 1860 zum neuen, geeinten Italien.

Genua ist – trotz aller Krisenanzeichen – bis heute Italiens wichtigste Hafenstadt. Doch das Kolumbusjahr 1992, auf das die Einheimischen so große Erwartungen gesetzt hatten, hat längst nicht den erwarteten Widerhall gefunden und der Stadt den erhofften Auftrieb gegeben. Heute kommt Genua eher wegen seiner Altstadtprobleme in die Presse als wegen seiner reichen Kunst- und Bauwerke, die selbst von vielen Italienern unterschätzt werden.

Sanierungsbedürftig: Genuas Altstadt

Genua ist für den Touristen keine leicht zu erobernde Stadt. Statt seine Schönheiten anzupreisen und zur Schau zu stellen, versteckt es sie hinter dunklen Palastfassaden und in verkehrsgequälten Straßen: „Mehr sein als scheinen" könnte das Motto der Genuesen sein, die ihr Privatleben immer eifersüchtig behütet und die Touristen nicht angelockt, sondern lieber auf die Badeorte an der Riviera umgeleitet haben.

Doch in jüngster Zeit hat die Stadt sich ein neues Make-up gegeben, und aus dem hellgrauen Häusergewirr, das sich zwischen Meer und Bergen auf kleinstem Raum zusammendrängt, leuchten eben restaurierte Palazzi mit gelben, roten, rostbraunen Fassaden und unerwartet schönen Gärten auf.

Weg 1

Genuas Herz: die Altstadt

Genua besitzt eine sehr ausgedehnte Altstadt, die mit ihren vier Quadratkilometern als größte in Europa gilt. Leider entspricht diesem Superlativ nicht auch eine entsprechende Erhaltung. Von den rund 40 000 Einwohnern sind, so schätzt man, mehr als die Hälfte Ausländer. Während die Einheimischen die schmalen, düsteren Gassen, die „carrugi", und die unkomfortablen Wohnungen verlassen, ziehen Nord- und Zentralafrikaner zu, die – teilweise illegal eingewandert – in leerstehenden Häusern allemal einen provisorischen Unterschlupf finden. Doch hier in der Altstadt, auf deren Castello-Hügel sich im 6. Jh. v. Chr. die ersten ligurischen Siedler niedergelassen hatten, pulsiert bis heute das Herz Genuas.

Von der modernen **Piazza De Ferrari**, dem verkehrsreichsten Platz Genuas, steuert man zunächt die **Piazza Dante** an, wo Gegenwart und Vergangenheit zusammentreffen: Zwei Hochhäusern (1940) steht die *Casa di Cristoforo Colombo* gegenüber, in der der 1451 in Genua geborene Christoph Kolumbus seine Kindheit verbracht haben soll (das Haus wurde im 18. Jh. rekonstru-

❶ Porta Soprana
❷ S. Donato
❸ Museo di Architettura
❹ S. Maria di Castello
❺ Palazzo S. Giorgio
❻ Palazzo Spinola
❼ Dom S. Lorenzo
❽ Palazzo Ducale
❾ Piazza S. Matteo
❿ Galleria di Palazzo Rosso
⓫ Galleria di Palazzo Bianco
⓬ SS. Annunziata
⓭ Palazzo Reale
⓮ Palazzo Doria Pamphili

GENOVA (GENUA)

0   200 m

↑ Righi

N

Corso Firenze

Corso

Corso

Firenze

reira

Giovanni
Prè

Via

Via

Sopraelevata

Antonio

Corso Dogali

Corso Dogali

Dogali

V. Brignole De-Ferrari

Corso

Carbonara

C. Carbonara

Corso

Paganini

Caffara

P.za
G. Villa

Pal.
dell'Università

Balbi

di Pre

Gramsci

Aldo

Moro

P.za
d. Nunziata

L. go.d.
Zecca

Via

Cairoli

Spianata
di Castello

Belvedere
Montaldo

Galleria Garibaldi

S. Siro

Pal. Tursi
(Municipio)

P.za
d.Portello

Museo
Chiossone

Via d. Campo

Via

Ponte Calvi

Portici di
Sottoripa

Ponte Spinola

Via

d.

Via

Maddalena

Pal.
Podestà

Pal. Parodi

Pal. Cambiaso

Garibaldi

P.za
Fontane
Marose

Pal. Doria

S. Luca

S. Maria
di Vigne

Luccoli

Pal. Spinola
dei Marmi

Loggia dei
Mercanti

Via

Via XXI Aprile

Via Roma

S. Pietro
in Banchi

Via Luccoli

Case
dei Doria

S. Matteo

Teatro
Carlo Felice

V. S. Lorenzo

Vecchio

Via

del

Molo

Via

d.

Mura

Molo

P

Via Filippo Turati

Via

Via

Giustiniani

San

Bernardo

P.za
Matteotti

Piazza De
Ferrari

Via XX Settembre

S. Ambrogio

Via Pta-Soprana

Via
Dante

SS. Cosma
e Damiano

Torre
Embriaci

St-S-Agostino

Chiostro
di S. Andrea

Casa di
Colombo

P.za Dante

cino delle

Grazie

P.za Sarzano

Via

Corso M. Quadrio

Fieschi

Ravasco

Via

P.za Carignano

iert). Schöne Kapitelle hat der benachbarte romanische *Kreuzgang Sant'Andrea* (12. Jh.), hinter dem sich das gut erhaltene, zweitürmige Stadttor **Porta Soprana** ❶ auftut, ein Teil der mittelalterlichen Stadtmauer des 12. Jhs.

Auf dem Weg zur Kirche **San Donato** ❷ sollte man durch die Altstadtgassen bummeln, wo man (z. B. Via Giustiniani) Handwerkern bei der Arbeit zuschauen kann, sich aber auch bewußt wird, wie dringend sanierungsbedürftig Alt-Genua ist. Allzu gut hat es allerdings der Baumeister Alfredo D'Andrade gemeint, der die Kirche San Donato im Jahr 1888 restauriert und dabei so verfälscht hat, daß von der ursprünglichen romanischen Anlage des 12. Jhs. nicht viel übriggeblieben ist. Von einem achteckigen romanischen Glockenturm überwacht, ruht die dreischiffige Innenhalle teilweise auf römischen Säulen. Bemerkenswert sind eine „Gottesmutter mit Kind" von Nicolò da Voltri (Ende 14. Jh.) und eine „Anbetung der Hl. Drei Könige" des niederländischen Malers Joos van Cleve, der sich von 1526 bis 1528 in Genua aufhielt.

Wie gelungen ein Kreuzgang zu einem Museum umgestaltet wurde, zeigt das **Museo di Architettura e Scultura Ligure** ❸ in den Nebengebäuden der Kirche *Sant'Agostino*. Die Ausstellungsstücke geben einen guten Überblick über die ligurische Bildhauerkunst vom 6. bis zum 18. Jh. Zu den Höhepunkten in den weitläufigen Räumen, die vor allem Architekturfragmente, Plastiken, abgelöste Fresken und Grabsteine aus genuesischen Kirchen zeigen, gehören das *Grabmal für Simone Boccanegra*, den ersten Dogen Genuas (pisanischer Künstler des 16. Jhs.), und das 1313 von Giovanni Pisano vollendete, nur bruchstückhaft erhaltene *Grabmal für Margarete von Brabant*, die Frau Kaiser Heinrichs VII., die 1311 in Genua an Pest gestorben war. Auch die gotische Kirche Sant'Agostino selbst ist in jüngster Zeit zweckentfremdet und in modernes Kulturzentrum verwandelt

worden (☉ Di–Sa 9–19.30, So 9 bis 12.30 Uhr, Mo geschl.)

Die vielleicht älteste der fast 20 Marienkirchen in Genua ist ✶**Santa Maria di Castello** ❹ aus frühchristlicher Zeit. Der heutige romanische Bau (12. Jh.) geht auf die „Magistri Antelami" zurück, Baumeister und Steinmetzen aus dem nordlombardischen Val d'Intelvi, die in mehreren Ländern tätig waren, und damals auch mit der Anlage neuer Hafenbauten begonnen hatten. Die Dominikanermönche, die den Gebäudekomplex bis heute besitzen, ließen im 15. und im frühen 16. Jh. an die dreischiffige Kirche ein Kloster mit drei Kreuzgängen anbauen. Hinter der bescheidenen Fassade des Gotteshauses erwarten den Besucher Gärten, freskengeschmückte Wandelgänge und weite Loggien, die sich gegen den Hafen öffnen. Ein kleines *Museum* zeigt kostbare Kirchenbücher und Wiegendrucke (☉ Museum und Kreuzgänge tgl. 9–12 und 15.30–18 Uhr).

Gleich neben Santa Maria di Castello ragt die **Torre Embriaci** (12. Jh.) auf, der besterhaltene von den mindestens 66 privaten Wohntürmen, die im 13. Jh. bestanden. Während andere Geschlechtertürme in Genua nicht höher als rund 24 m sein durften, behielt der Embriaci-Turm seine 41 m Höhe, da die Embriaci sich bei Kreuzzügen große Verdienste erworben hatten.

Durch die Via Canneto il Curto (und nach einem Abstecher in die Via Canneto il Lungo mit Schiefer- und Marmorportalen, Reliefs und Friesen an noblen Palazzi) gelangt man zum

✶**Palazzo San Giorgio** ❺, einem der Symbolbauten Genuas. 1260 als Regierungssitz des Stadthauptmanns Guglielmo Boccanegra erbaut, diente er als Rathaus, später als Zollhaus. Im 15. Jh. richtete sich hier die einflußreiche Staatsbank *Banco di San Giorgio* ein; denn Genuas Bankiers finanzierten in der Renaissance auch die Kriege und Kapricen der spanisch-habsburgischen Monarchie, als Karl V. und Philipp II.

das halbe Mittelmeer beherrschten. Im ersten Stock ist der Saal des *Capitano del popolo*, der mittelalterliche Rats- und Versammlungssaal, noch zugänglich. Bei Restaurierungsarbeiten kamen an den Außenwänden des Palastes die hellen, leuchtenden Fassadenfresken von Lazzaro Tavarone (17. Jh.) wieder zum Vorschein.

Unerläßlich ist vom Palazzo San Giorgio aus ein Blick auf den ★**Hafen**. Eine Errungenschaft des Kolumbusjubiläums von 1992 und der damit verbundenen Anlage eines Expo-Geländes am Hafen ist das neue *Acquario* am Ponte Spinola. Mehr als 50 Bassins mit einem Fassungsvermögen von 4,5 Millionen Litern Wasser, eine Ausstellungsfläche von 13 000 m² und mehr als 5000 Tiere machen dieses Aquarium zum größten Europas – und sicher auch zu einem der modernsten: In zwei unterirdischen Etagen befinden sich Labors, Kontrollstationen und Schalttafeln – mittels dieser Technik werden den Fischen, Delphinen, Seehunden und anderen Meerestieren nahezu ideale Umweltbedingungen garantiert (◷ Di, Mi, Fr 9.30–17.30 Uhr, Do, Sa, So 9.30–19 Uhr).

Um sich ein Bild vom Leben im Hafen, dem größten Italiens, zu machen, sollte man von der Calata Zingara aus zu einer knapp einstündigen **Hafenrundfahrt** starten (❶ Cooperativa Battellieri, ☎ 0 10/26 57 12). Bei der Schiffstour an insgesamt 19 km langen Hafendämmen und 28 km langen Kais vorbei wird man immer vom 117 m hohen Leuchtturm *Lanterna* begleitet, dem genuesischen Stadtsymbol. Wer vom Ponte dei Mille aus eine Kreuzfahrt antritt, sollte in der Aufregung des Einschiffens nicht versäumen, sich die *Stazione Marittima* im schönsten Jugendstil anzuschauen (beim *Istituto Idrografico della Marina*, das hier seinen Sitz hat, bekommt man Seekarten von allen italienischen Küsten). Bunt wie ein arabischer Souk sind die *Portici di Sottoripa*, unter deren Lauben altgenuesische Traditionen und farbig-

S. Maria del Castello: Prachtentfaltung so weit das Auge reicht

Kunst und Leben gehen in Genua Hand in Hand

Seit Jahrhunderten bestimmt der Hafen den Takt des Lebens

kosmopolitisches Hafentreiben aufein-
andertreffen und sich winzige Läden
und charakteristische *friggitorie* auftun, „Bratküchen", in denen man sich
mit Stockfisch, Gemüse oder Kicher-
erbsenfalden stärken kann.

Von den Portici di Sottoripa aus gelangt man durch eine der Seitengassen
in die Via San Luca und zum **Palazzo
Spinola ❻**, der 1580 einem mittelalterlichen Quartier aufgepfropft wurde. Mit
seiner Stuckfassade und den reich ein-
gerichteten Innenräumen ist er ein be-
deutendes Beispiel eines genuesischen
Patrizierpalastes des 16. bis 18. Jhs. Die
hier untergebrachte *Galleria Nazionale di Palazzo Spinola* umfaßt Kunstwerke des 14. bis 18. Jhs., unter denen
eine Statue der „Gerechtigkeit" von
Giovanni Pisano (1313), die Gemälde
„Ecce Homo" von Antonello da Messi-
na, „Betende Madonna" von Joos van
Cleve und „Porträt eines Knaben" von
Anton van Dyck die Highlights sind.

Im dritten und vierten Stockwerk zeigt
die *Galleria Nazionale della Liguria* ih-
re Meisterwerke, u. a. ein dreiteiliges
Altarbild von Joos van Cleve und ein
„Porträt von Gio Carlo Doria" von Peter
Paul Rubens (Ⓒ Di–Sa 9–19, So 14–19,
Mo 9–13 Uhr).

An der **Piazza Banchi,** die bis zum
18. Jh. das handelspolitische und urba-
ne Zentrum war, liegen die *Loggia dei
Mercanti* (spätes 16. Jh.), die im 19. Jh.
die erste italienische Handelsbörse auf-
nahm, und die Kirche *San Pietro in
Banco,* die während des Pestjahres
1579 im ersten Stock eines Adelspalais
wiederaufgebaut wurde.

Böswillige glauben zu wissen, warum
die Genuesen sich den hl. Laurentius zu
ihrem Schutzpatron erwählt hatten.
Der römische Erzdiakon, der im Jahr
258 auf einem glühenden Rost den
Märtyrertod erlitt, wird in der christli-
chen Ikonographie immer mit einer
Geldbörse dargestellt – was ihn den
(angeblich) geizigen Genuesen sympa-
thisch und somit verehrungswürdig
macht.

Der dem Heiligen geweihte ✶✶ **Dom San
Lorenzo ❼** aus dem 9. Jh. wurde zerstört und im frühen 12. Jh. wieder aufgebaut (aus dieser Zeit stammen das
San-Giovanni-Portal an der Nordseite
und das San-Gottardo-Portal an der
Südseite). Ihre heutige Gestalt bekam
die gewaltige Kathedrale im 13. Jh.
Nach dem Vorbild nordfranzösischer
Kathedralen wie in Chartres und Rouen
entwarfen französische Baumeister die
strenge Fassade, die – wie viele ligurische Kirchen – zugleich aber auch
die charakteristischen Schwarz-Weiß-
Streifen bekam. Eine recht drastische
Darstellung des Laurentius-Todes findet sich am gotischen Hauptportal, das
mit Marmorinkrustationen, Komposit-
kapitellen und Flachreliefs äußerst
lebendig gestaltet ist.

Als Juwel des kunst- und marmorreichen, hoch aufstrebenden Innenraums
gilt im linken Seitenschiff die ✶ *Cappel-
la di San Giovanni Battista.* Genuas
Kaufleute waren stolz darauf, daß es
ihnen gelungen war, 1098 die sterbli-
chen Überreste Johannes des Täufers in
ihre Heimatstadt zu bringen. Eine an-
gemessene Unterbringung fanden die
Reliquien des heutigen Stadtpatrons allerdings erst im 15. Jh., als Domenico
und Elia Gaggini diese Renaissanceka-
pelle errichteten, in deren Nischen auch
zwei Statuen des toskanischen Bildhauers Andrea Sansovino zu bewundern sind (16. Jh.).

Das benachbarte ✶ *Museo del Tesoro di
San Lorenzo* (Domschatz) umfaßt wertvolle Gold- und Silberschmiedearbei-
ten vom 9. bis zum 19. Jh. (Ⓒ Di–Sa
9.30–11.45 und 15–17.45 Uhr, So und
Mo geschl.).

Weg 2

Superbe Paläste der „Superba"

Auftakt dieses Weges ist wieder die
Piazza De Ferrari. Er wird zeigen, daß
die Reisenden vergangener Zeiten recht
hatten, als sie Genua als „marmorschön" priesen und von seinen Prachtstraßen fasziniert waren – daß Genua

seinen Beinamen *La Superba,* die „Stolze", zu Recht trägt.

Gleich am Platz liegt das klassizistische *★Teatro Carlo Felice,* das nach jahrzehntelangen, heftigsten Debatten zwischen 1987 und 1991 rechtzeitig zur Kolumbus-Expo 1992 wiederaufgebaut wurde. Das 1827 von Carlo Barabino errichtete Opernhaus, das im Zweiten Weltkrieg zerstört wurde, lebte nach einem Entwurf des Architekten Aldo Rossi zu neuem, modernem, aber nicht unumstrittenen Glanz auf.

Ebenfalls modern umgestaltet wurde der riesige **Palazzo Ducale** ❽, der heute als *Palazzo della Cultura,* „Kulturpalast" fungiert. Nach zehnjährigen Restaurierungsarbeiten erstrahlt der Bau wieder in der Pracht des späten 16. Jhs., als er Regierungssitz der genuesischen Republik war. Doch aufpoliert wurden nicht nur die noblen Innenhöfe, die freskenverzierte Kapelle, der stuck- und freskenreiche *Salone del Gran Consiglio,* der mit glorifizierenden Gemälden versehene *Salone del Minor Consiglio,* der siebenstöckige Turm und das prachtvoll verzierte Dogenappartement, sondern auch Nebenräume in unterirdischen Zwischen- und Dachgeschossen.

Auf einer Fläche von 38 000 m² ist Platz für Kultur und Handel, Handwerk und Gastronomie, und als senkrechte Verbindung dient eine vom Architekten Giovanni Spalla ersonnene, hochmoderne spiralförmige Stahlrampe, die als „hängende Straße" bezeichnet wird.

Ganz im Zeichen der in Genua allgegenwärtigen Doria steht die nahe **Piazza San Matteo** ❾. Vom 12. Jh. an hatte die einflußreiche Patrizierfamilie diesen Platz, der bis heute seine mittelalterliche Atmosphäre bewahrt hat, zu ihrem privaten Hauptquartier gemacht. Martino Doria ließ hier 1125 eine erste Kirche *San Matteo* errichten, an deren Stelle 1278 – als Privatkirche der Doria – das heutige, gotische Bauwerk entstand. Neben der Kirche, in deren Krypta der große Andrea Doria in einem

Täglich frisch ist das Obst- und Gemüsesortiment

Im Inneren der Palazzi lebt noch die alte Welt fort

Die Kathedrale: Der hl. Laurentius wird als Märtyrer verehrt

vom manieristischen Bildhauer Giovanni Montorsoli geschaffenen Grab ruht, entstanden der *Palazzo di Branca Doria*, der *Palazzo di Domenicaccio Doria*, der ehemals den Doria gehörende *Palazzo Quartara* mit einem Relief des Drachentöters Georg (von Giovanni Gagini, 1457) am Portal, der mächtige *Palazzo di Lamba Doria* und der *Palazzo di Andrea Doria* mit zarten, spätgotischen Elementen. Was die Piazza San Matteo so intim-einheitlich macht, sind die hell-dunklen Querstreifen, die sich wie ein Band über alle den Platz säumenden Bauwerke hinziehen.

Schwarz-weiß-gestreift ist auch der gotische *Palazzo Spinola dei Marmi,* im 15. Jh. erbaut. Und mit den Doria und den Spinola, den Grimaldi, Lomellino, Lercari und Pallavicino ist man in Genuas Prachtstraße angelangt: in der **✶✶Via Garibaldi,** die von der vielgereisten Madame de Staël als „Rue des Rois" bezeichnet wurde, als „Königsstraße". Bevor es 1558 bis 1583 zur Anlage dieser *Strada Nuova* mit ihren anfangs elf Palästen kam, dürfte es hier im Genua des 16. Jhs. nicht anders zugegangen sein als bei Zwangsenteignungen, Grundstückskäufen und Bauspekulationen im ausgehenden 20. Jh. Bei drei öffentlichen Versteigerungen verkaufte die Stadt an einer 250 m langen Straße Bauparzellen an fünf tonangebende Familien, die sich hier unter Mitarbeit namhafter Architekten ein Elitequartier einrichten konnten – oben am Hang und damit außerhalb der schmalen, düsteren Altstadtgassen. Es mag auffallen, daß unter diesen Familien zwei Namen fehlen: Die einst mächtigen Fieschi waren seit ihrem 1547 mißlungenen Anti-Doria-Putsch „out", und die Doria hatten es nicht nötig, sich an diesen Grundstücksauktionen zu beteiligen, da Andrea Doria, um die Mitte des 16. Jhs. genuesisches Staatsoberhaupt, sich kurz vorher im Westen der Stadt den an Pracht kaum zu übertreffenden Palazzo del Principe angelegt hatte. Die Pallavicino ließen die Paläste Cambiaso (Nr. 1) und Carre-

ga Cataldi (Nr. 4) erbauen, die Lomellino den Palazzo del Podestà (Nr. 7) und den Palazzo Campanella (Nr. 12), die Lercari den Palazzo Lercari-Parodi (Nr. 3), die Spinola legten ihr Kapital in den Palästen Gambaro (Nr. 2), Spinola (Nr. 5), Doria (Nr. 6) und Cattaneo Adorno (Nr. 8–10) an, während die Grimaldi hier einen Vorgängerbau des Palazzo Bianco (Nr. 11) erstellen ließen und den *Palazzo del Municipio,* das heutige Rathaus.

Hinter den strengen Fassaden dieser Paläste verbergen sich vornehme Innenhöfe und prachtvoll ausgeschmückte Innenräume mit unerwartet reichen Kunstschätzen – wovon man sich im Palazzo Rosso und im Palazzo Bianco überzeugen kann.

Im 17. Jh. war die Familie Brignole Sale auf den Plan getreten. Zwischen 1671 und 1677 ließ sie an der Via Garibaldi den *Palazzo Rosso* errichten, in dessen reich ausgeschmückten Sälen die **Galleria di Palazzo Rosso** ❿ vom Kunstsinn und Vermögen der einstigen Besitzer zeugt: Werke von Veronese, Tizian, Tintoretto, Caravaggio, Salvatore Rosa, Guercino und Guido Reni, von van Dyck, Dürer, Ribera und Murillo sind die Höhepunkte dieser Sammlung (◷ Di–Sa 9–19, So 9–12 Uhr, Mo geschl.).

Im frühen 18. Jh. bauten ebenfalls die Brignole einen Grimaldi-Palast zum *Palazzo Bianco* um und statteten ihn mit prunkvollen Rokokodekorationen aus, in denen die ✶**Galleria di Palazzo Bianco** ⓫ ihren Sitz hat. Neben namhaften ligurischen Malern wartet die Sammlung mit Werken der Niederländer Peter Paul Rubens und Anton van Dyck auf sowie der Spanier Zurbarán und Murillo (◷ Di–Sa 9–19, So 9 bis 12 Uhr, Mo geschl.).

Wer nach soviel Kunst eine Verschnaufpause braucht, kann von der Galleria Garibaldi aus mit dem „ascensore" (Aufzug) zur Spianata di Castelletto mit dem *Belvedere Montaldo* gelangen: Das Panorama auf Dächer,

Türme und Hafen lohnt diesen Abstecher. Von der Via Garibaldi kommt man dann über den Largo della Zecca zur Kirche *Santissima Annunziata del Vastato* ⑫ (16./17. Jh.). Durch eine 1867 angelegte klassizistische Säulenhalle betritt man einen überreich mit Marmorintarsien, Stukkaturen und Fresken ausgeschmückten, stilistisch sehr einheitlichen Innenraum, der mit Altarbildern von Luca Cambiaso, Domenico Piola, Bernardo Strozzi und anderen einheimischen Künstlern als Pinakothek der genuesischen Malerei des 17. Jhs. angesehen werden kann.

Geometrie und klare Linien auf der Piazza San Matteo

Unermeßliches Kapital mußten die Balbi angesammelt haben, als sie in den Jahren 1602–1620 die heutige *Via Balbi* erschließen und gleich mit sieben Familienpalästen versehen ließen. Auf ein Jesuitenkolleg geht der *Palazzo dell'Università* (17. Jh.) zurück, in dessen vornehmen, portikus- und loggiagesäumten Innenhof man leicht einen Blick werfen kann.

Studenten bei der Einschreibung

Ganz und gar zugänglich ist auf der anderen Straßenseite der *Palazzo Reale ⑬, der seinen Namen nach den savoyischen Königen hat und 1643–1655 ursprünglich als Palast für Stefano Balbi angelegt wurde. Der Architekt Carlo Fontana veränderte und erweiterte den Bau im 18. Jh. zu einem prachtvollen Palazzo, der dem Besucher heute in den traditionellen genuesischen Farben Rot, Gelb, Grün entgegentritt. In den mit Prunkliebe ausgeschmückten Barock- und Rokokosälen der Beletage logiert die **Galleria di Palazzo Reale** (🕐 tgl. 9–13.30 Uhr), die einen freskengeschmückten *Spiegelsaal* und eine Gemälde- und Skulpturensammlung besitzt. Der Park mit phantasievollen Bodenmosaiken aus Kieselsteinen öffnet sich kulissenhaft gegen den Hafen und die gleich unter dem Palast gelegene **Via di Pré.** Von der noblen, stolzen Pracht des Palazzo Reale macht man hier in der Via di Pré unvermittelt einen Sprung in die volkstümliche Seele Genuas. An diesem Ort (und in der parallel verlaufenden Via

Vollendete Baukunst: der Palazzo Reale in der Via Balbi

Gramsci) steht alles zum Kauf, von geschmuggelten Zigaretten über T-Shirts und Elektrogeräte bis zu Liebesabenteuern. Aber es wäre falsch, diese Straße für eine italienische Reeperbahn zu halten. Sicher, auch Prostitution und Drogenhandel stehen hier nicht schlecht im Kurs. Aber den vielen „trattorie" und „friggitorie" nach zu urteilen, sind die Genuesen an diesem Ort eher kulinarischen Freuden zugetan. Alles wirkt etwas neapolitanisch-südländisch – auch die vielen Altärchen und Nischen mit Madonnen und Heiligen, die von den Hauswänden ungerührt auf dieses nicht gerade fromme Treiben herabschauen.

Genua ist eine Hafenstadt, das darf man nicht vergessen. Und von diesem Hafen schifften sich Kreuzfahrer und Jerusalempilger schon vor 800, 900 Jahren ein: religiöse „Touristen", längst vor den Touristen, die um die Mitte des vorigen Jahrhunderts die Riviera zu entdecken begannen. Hunderttausende dieser mittelalterlichen Pilger und Krieger hielten sich, während sie auf die Nahostschiffe warteten, in der **Commenda di Pré** auf, einem Hospiz des 11. Jhs. Der vorbildlich restaurierte Gebäudekomplex, zu dem auch die zweistöckige Kirche * San Giovanni di Pré (1180) gehört, präsentiert sich jetzt wieder in seiner ganzen mittelalterlichen Schönheit.

Der * Palazzo Doria Pamphili ⓮ (nicht zu besichtigen) dagegen hat viel von seiner ursprünglichen Schönheit eingebüßt. Der eben an die Macht gekommene Andrea Doria hatte mit dem Bau dieses Palastes im Jahr 1528 begonnen, und schon fünf Jahre später konnte er hier seinen Gönner und Schuldner Kaiser Karl V. beherbergen. Um die Mitte des 16. Jhs. dehnte sich der großartige Palast vom Meer (mit privatem Doria-Hafen) bis auf den Hügel aus. Mit seinen freskenreichen Sälen (vom Raffaelschüler Perin del Vaga ausgemalt), Hängegärten, Terrassen, Brunnen und Statuen wurde er in seiner verschwenderischen Pracht zum Vorbild vieler

anderer genuesischer Renaissancebauten. Dieses „Paradies", wie der Palast und sein üppiger Park einst genannt wurden, ist durch die Anlage der Bahnlinie und neuer Straßen zerstückelt und zerstört worden und scheint kaum noch besseren Zeiten entgegenzusehen.

Wer die Tour mit angenehmeren Eindrücken beenden möchte, sollte an der *Piazza Principe* in die Zahnradbahn nach *Granarolo* einsteigen. Aus 220 m Höhe überblickt man die Altstadt und den Hafen mit dem Leuchtturm *Lanterna,* was besonders gegen Abend sehr stimmungsvoll ist.

Ausflüge

Genuas „chinesische Mauer"

Da die Genuesen sich von der Landseite her immer bedroht fühlten, hatten sie sich schon um das Jahr 200 n. Chr. mit einer Mauer umgeben, die im Laufe der Geschichte den Bedürfnissen der ständig anwachsenden Stadt angepaßt und entsprechend erweitert wurde. 1626–1632, als Genua Angriffe der immer mächtigeren Savoyer fürchtete, entstand die siebente Stadtmauer: eine 12 650 m lange „chinesische Mauer", die sich über die Kämme der die Hafenstadt einschließenden Hügel hinzog und bis heute noch weitgehend erhalten ist. Doch auch diese Rückendeckung reichte den Savoyern, seit 1815 Herren in Genua, noch nicht aus. Sie versahen die Stadtmauer mit einem guten Dutzend Festungen, die heute die Hauptsehenswürdigkeiten des 1990 gegründeten, 876 ha großen *Parco Urbano delle Mura* ausmachen, des „städtischen Mauerparks".

Wer diese Forts abwandern (ca. 4 bis 5 Std.) oder per Mountainbike abradeln möchte (ca. 3 Std.), begibt sich am besten mit der 1,5 km langen Zahnradbahn (Talstation am Largo Zecca) auf den 302 m hohen

* Righi, einen der schönsten Aussichtspunkte der Stadt. An der ziegelroten *Torre della Specola* (19. Jh.) vorbei er-

reicht man das *Forte Castellaccio*. Die im 19. Jh. erneuerte Festung, die schon im Mittelalter Schauplatz guelfisch-ghibellinischer Auseinandersetzungen war, hat zwar eine prachtvolle Lage, leider ist sie aber für den Publikumsverkehr geschlossen. Eine Rast kann man aber in der *Osteria du Richettu* ⑤ direkt am Fort einlegen.

Auf dem weiter nördlich gelegenen Monte Peralto erhebt sich am höchsten Punkt der Stadtmauer das mächtige *Forte Sperone*. Türme mit Schießscharten, Kasematten, ein Pulvermagazin, verschiedene Säle und Lagerräume bilden hier eine wahre Zitadelle, die besichtigt werden kann und Austragungsort kultureller Veranstaltungen ist. Von der Sperone-Festung erblickt man weiter unten im Westen die Forts Begato und Tenaglia, im Osten die Forts Richelieu, Ratti und Quezzi.

Doch noch andere Militärbauwerke warten auf den Wanderer oder Biker. Vom Forte Sperone kann man über das sehr gut erhaltene *Forte Puin* und das stimmungsvoll gelegene *Forte Fratello Minore* zum *Forte Diamante* aufsteigen. Diese 1756 errichtete, 667 m hoch gelegene Festung stellt die Krönung des genuesischen Verteidigungssystems dar. Sie wurde im 18. Jh. angelegt, nachdem österreichische Truppen diesen strategisch bedeutenden Bergkamm oberhalb der Stadtmauer besetzt hatten.

Von den sternförmigen Terrassen des Diamante-Forts überblickt man Genua, an klaren Tagen die westliche Riviera bis Ventimiglia, in der Ferne die Ligurischen Alpen – und ganz in der Nähe originelle „Eislöcher": In vier bis fünf Meter tiefen Gruben wurde in vergangenen Zeiten Schnee kiepenweise zusammengetragen, damit die Stadt viele Monate im Jahr mit Eis versorgt werden konnte.

Keine zweite italienische Stadt besitzt heute eine so lange, intakte Stadtmauer, und auch wer militärischen Bauten abhold ist, kommt bei dieser

Lichte, elegante Stimmung in der Galleria Mazzini

Auch Neubauten haben sich längst ins Stadtbild gefressen

Pompöse Totenstadt: Der Friedhof von Staglieno

mehrstündigen Festungstour auf seine Kosten. Die Ausblicke von den Hügeln sind atemberaubend, und die Botaniker haben hier nicht weniger als 900 Pflanzenarten ausgemacht, die von den Laubwäldern an den Nordhängen bis zur duftenden, mediterranen Macchia an den sonnigen Südhängen reichen.

In einer Stadt wie Genua, deren Sohn Christoph Kolumbus Amerika entdeckt hat, darf ein Museum über präkolumbische Kulturen nicht fehlen. Das **Museo Americanistico „Federico Lunardi"** in der klassizistisch umgestalteten Villa Gruber (ursprünglich 16. Jh.) dokumentiert die faszinierende Maya- und die Andenarchäologie und zeigt ethnographisches Material aus vielen Ländern Südamerikas. Dem Museum sind eine Fachbibliothek und eine reiche Fotothek angeschlossen (Villa Gruber, Salita della Sanità 43, ○ Di–Sa 9.30 bis 12 und 15–17.30, So 15–17.30 Uhr, Mo geschl.).

In der **Villa Doria-Centurione** (1. Hälfte des 16. Jhs.) in Genuas westlichem Villenvorort **Pegli** hat das Schiffsmuseum *Civico museo navale* seinen Sitz. Das Ausstellungsmaterial dokumentiert die Geschichte und Entwicklung des Hafens von Genua sowie die Segel- und Motorschiffahrt. Hochinteressant sind außer den rekonstruierten Karavellen,

mit denen Christoph Kolumbus Amerika entdeckte, die Seekarten aus verschiedenen Jahrhunderten. (○ Di–Do 9–13, Fr–Sa 9–19 Uhr, 1. und 3. So im Monat 9–13 Uhr, Mo geschl.)

Bevor der Villenvorort Pegli um die Mitte des vorigen Jahrhunderts als Fremdenverkehrsort lanciert wurde, ersann Michele Canzio 1837 die *Villa Durazzo Pallavicini, und da er Theaterimpresario war, entwarf er dazu einen traumhaften * Park* mit immer wieder neuen, kulissenhaften Ausblicken. In der vorbildlich restaurierten romantischen Anlage kann man eine üppige Vegetation, einen palmenreichen Tropengarten, einen Kamelienwald, Grotten und Wasserspiele bewundern. Die Villa ist Sitz des *Museo Civico di Archeologia Ligure,* das außer archäologischen Funden in einer paläontologischen Abteilung auch menschliche und tierische Knochenfunde aus mehreren ligurischen Höhlen zeigt (○ Di bis Do 9–19, Fr–Sa 9–13 Uhr, 2. und 4. So im Monat 9–13 Uhr, Mo geschl.).

Den östlichen Stadtteil *Albaro* dominiert die **Villa Giustiniani-Cambiaso**. Der umbrische Baumeister Galeazzo Alessi (1512–1572), schuf mit diesem von der römischen Renaissance geprägten Bauwerk den Prototyp der genuesischen Paläste. Die 1548 begon-

Unsterblicher Ruhm

Sogar ein *Friedhof ist in Genua eine Sehenswürdigkeit. Im nördlichen Vorort **Staglieno,** nahe bei der heutigen Autobahnausfahrt, entstand nach Plänen des Architekten Giovanni Battista Resasco von 1840 an eine pompöse Totenstadt: Selbstdarstellung einer Zeit und einer Gesellschaft.

In langen, überwölbten Gängen reihen sich Grabdenkmäler aneinander, die mit ihren klassizistischen und romantischen, neugotischen, naturalistischen und Jugendstilskulpturen zu einem

sonderbaren „Museum" der ligurischen Bildhauerkunst geworden sind. Mehr als Trauer und Trübsinn drücken die Grabfiguren Prunksucht und (nicht immer unterschwellige) Erotik aus. Die berühmteste unter diesen Statuen ist das 1881 geschaffene Standbild von Caterina Campodonico, einer Brezelverkäuferin. Sie hatte ein Leben lang gespart, um sich in Staglieno, mit Seidenschal, Spitzenbluse und Brokatrock angetan, in Stein verewigen zu lassen.

🚌 Autobus 12, 13, 14, 34, 48 und 80

nene, grandiose Villa (heute Sitz der Fakultät für Ingenieurwesen der Universität Genua mit öffentlich zugänglichem Garten) zeichnet sich durch Loggien im Erdgeschoß und in der Beletage sowie durch ihre landschaftsbeherrschende Lage aus.

Autobus 15, 41

Nervi, der Villenvorort im Osten Genuas, ist für die panoramareiche Seepromenade *Passeggiata Anita Garibaldi* bekannt, für seine gepflegten Parks (berühmt der Rosengarten im *Parco Grimaldi*) und für seine kunstreichen, in Museen verwandelten Villen. Die **Villa Serra** beherbergt die *Galleria d'Arte Moderna* mit einer reichen Sammlung ligurischer Malerei des 19. und 20. Jhs. (derzeit geschl.), die **Villa Grimaldi** eine mit multimedialen Exponaten ausgestattete Sammlung moderner Kunst (Di–Sa 9–19 Uhr, So 9 bis 13 Uhr, Mo geschl.) und die **Villa Luxoro** das gleichnamige *Museum* mit schönen genuesischen Möbeln und Gemälden des 17. und 18. Jhs. (Di–Sa 9–13, So und Mo geschl.).

Praktische Hinweise

APT, Via Roma 11, 010/541541 und 581407 (Mo–Fr 8–13.30 und 14–17, Sa 8–13.30 Uhr), 581408. Infobüros auch am Flughafen „Cristoforo Colombo", 010/2415247, und am Bahnhof Porta Principe, 010/2462633.

Verkehrsmittel

Die wichtigsten öffentlichen Verkehrsmittel sind **Stadtbusse** und der erste Abschnitt der **U-Bahn,** die derzeit den nördlichen Vorort Rivarolo mit dem Bahnhof Porta Principe verbindet. Doch in einer an den Hang gebauten Stadt wie Genua, deren Straßen auf mehreren Ebenen übereinanderliegen, konnten auch Zahnradbahnen *(funicolari)* und Aufzüge *(ascensori)* nicht fehlen. Neben den Zahnradbahnen Largo Zecca-Righi und Porta Principe-Granarolo kann man daher auch die

Ruhmvoll der Zukunft entgegen

Zeit für die Bar muß jeden Tag bleiben

In Genua fährt man vorwiegend Bus

verschiedenen Aufzüge benutzen, um sich von einer „Etage" zur anderen zu begeben. Sie sind billig (ca. 600 L. pro Fahrt) und verkehren von morgens früh bis nachts. Für den Besucher die interessantesten *ascensori* sind: Galleria Garibaldi–Belvedere Montaldo, Piazza del Portello-Belvedere Montaldo und Via Balbi-Corso Firenze.

⌂ Hotels

Savoia Majestic, Via Arsenale di Terra 15, ☏ 010/261641, 🖷 261883. In der Nähe des Bahnhofs Porta Principe. Moderner Komfort in einem Hotelpalast, der viele gekrönte Häupter gesehen hat. ⑤⟩⟩

La Pagoda, Via Capolungo 15, ☏ 010/326161, 🖷 321218. Elegantes Haus im Villenvorort Nervi. ⑤⟩⟩

Milano Terminus, Via Balbi 34, ☏ 010/262264, 🖷 267176. Ein komfortables, zentral gelegenes und von altehrwürdigen Palazzi umgebenes Haus. ⑤⟩

Agnello d'Oro, Via delle Monachette 6, ☏ 010/262084, 🖷 262327. Bequeme Lage und familiärer Service. ⑤⟩

Capannina, Via Tito Speri 7, ☏ 010/317131, 🖷 3622692. Ruhig und dicht am Meer im malerischen Vorort Boccadasse. ⑤⟩

⌂ Restaurants

Antica Osteria del Bai, Via Quarto 12, ☏ 010/387478. Außen bescheidenunscheinbar, innen ein genuesischer Gastronomietempel. ⑤⟩⟩

Trattoria da Rina, Via Mura delle Grazie 3r, ☏ 010/207990. Gemütliches Fischlokal in Hafennähe. ⑤⟩

Ferrando, Via Carli 110, ☏ 010/751925. Auf den Hügeln hinter der Stadt liegt dieses gemütliche Lokal, dessen einheimische Spezialitäten durch frische Kräuter verfeinert werden. ⑤

Da Maria, Vico Testadoro 14r, ☏ 010/581080. Unverfälschte genuesische Küche in einer Altstadtgasse. ⑤

Sa Pesta, Via dei Giustiniani 16r,

☏ 010/208636. „Farinotti" heißen einfach-urtümliche Lokale wie dieses, wo man die „farinata"(s. S. 16) aus Kichererbsenmehl und andere traditionelle Gerichte kosten kann. ⑤

Cafés: Klainguti, ☏ 010/296502. In der Altstadt (Piazza Soziglia) ein traditionsreiches, von Schweizern gegründetes Café.

Am Abend

Teatro Carlo Felice, ☏ 010/589329 und 591697. Prestigeträchtiges Opernhaus, auch Konzerte und Ballette.

King's Barman, ☏ 010/586894. Vorzügliche Cocktails und Longdrinks, im Sommer in einem hübschen Garten.

Makò, ☏ 010/36752. Vielbesuchte Diskothek am Corso Italia.

Einkaufen

Die elegantesten Geschäftsstraßen Genuas sind die Via XX Settembre und die umliegenden Straßen und Plätze (Via Roma, Via XXV Aprile, Via Piccapietra, Piazza Dante, Corso Buenos Aires). Charakteristische Läden tun sich in den Altstadtgassen auf.

Antiquitäten findet man bei *Rubinacci*, Via Garibaldi 8, selbstgefertigten **Schmuck** bei *Filigrana Italiana*, Via XX Settembre 2 (Gold- und Silberfiligran) und bei *Scagno dei Fraveghi*, Piazza Soziglia 12, **Bücher** bei *Di Stefano*, Piazza Fontane Marose und im Antiquariat *Bardini*, Salita del Fondaco 32r, handgearbeitete **Schieferobjekte** bei *L'Isola*, Via Canneto il Lungo 83r.

Pittoresk sind die genuesischen **Märkte:** der Fischmarkt *Mercato del pesce* an der Piazza Cavour (🕐 tgl. 8.30 bis 9.30 Uhr, für jedermann zugänglich) sowie der Flohmarkt *Mercatino delle pulci* an der Piazza Lavagna.

Veranstaltungen: Schiffahrtsmesse „Salone Nautico" (Okt.), Blumenmesse „Euroflora" (alle 5 Jahre, die nächste 1996), Internationaler Violinwettbewerb „Niccolò Paganini" (Okt.), Patronatsfest am Johannistag (24. Juni).

Route 1

Zwischen Noblesse und VIPs

Recco – *Camogli – **Portofino –
Santa Margherita Ligure –
Rapallo – Chiavari – Lavagna – Sestri
Levante (ca. 50 km)

Die Route führt entlang der „Riviera di Levante", der östlichen Riviera, an der sich noble Ortschaften gleich Perlen auf einer Kette reihen. Camoglis schmalbrüstige, bonbonfarbene Fischerhäuser sind zu einem fotogenen Aushängeschild Liguriens geworden. Im exklusiven Portofino bewegen sich die VIPs fast noch unter sich, um Santa Margherita und Rapallo sind kunstreiche Villen in romantische Parks gebettet und aus Zoaglis Webereien bezogen Fürsten und Kardinäle kostbare Seidensamte. Romantik wird in Sestri Levante groß geschrieben: In dem Städtchen, das sich halbmondförmig gegen die „Märchenbucht" öffnet, wird alljährlich der Andersen–Märchenpreis vergeben. Einen Tag sollte man für diese Route einplanen.

Der Uhrturm von Camogli kündigt sich schon von weitem an

Dolce Vita …

Recco ist Auftakt der Route, die der schon zu Römerzeiten vielbefahrenen Via Aurelia (Staatsstr. Nr. 1) östlich von Genua folgt. Die Einheimischen wissen in diesem Ort besser als anderswo, was die Stunde geschlagen hat. Seit dem frühen 19. Jh., als einige nach Deutschland ausgewanderte Familien wieder in die ligurische Heimat zurückgekehrt waren, werden hier sowie im höher am Berghang gelegenen Dorf Uscio Turmuhren hergestellt und Kir-

Fischen bedeutet für viele in Camogli Leben

chenglocken gegossen. Der Badeort ist heute eine gesichtslos-anonyme Kleinstadt, die bei den Bombenangriffen im Zweiten Weltkrieg seinen Charakter eingebüßt hat und es nicht mehr mit den berühmteren Nachbarorten aufnehmen kann.

Doch in gastronomischer Hinsicht revanchiert Recco sich für diese Aschenputtelrolle: Das Städtchen gilt als eine der Hochburgen der ligurischen Küche. Die fladenbrotartigen „focacce" (s. S. 17), die hier aus zwei dünnen, mit Käse gefüllten und im Ofen gebackenen Teigblättern bestehen, sollen nirgends besser schmekken als in Recco.

🏠 **Manuelina,** Via Roma 228, ☎ 0185/75364. Ligurische Gaumenfreuden. ⓢ

Viele kommen auch nach *Camogli nur zum Essen. Am zweiten Maisonntag, wenn in einer vier Meter großen Pfanne in 500 Litern Öl mehrere Zentner Fisch brutzeln, gibt es Gratisbratfisch für alle. Doch nicht nur deshalb lohnt sich der Besuch. Mit seinen bonbonfarbigen, schmalen und hohen Fischerhäusern, die sich an der Küste dicht aneinanderreihen, ist es zu einem attraktiven Werbeplakatmotiv für die ligurische Riviera geworden. Die vielfenstrigen Fassaden, vor denen sich im Sommer Cafés, Restaurants und sonnenschirmbespannter Badestrand ausdehnen, sollen ihre schönen Farben für die heimkehrenden Fischer bekommen haben, damit sie ihr Wohnhaus schon von weitem erkennen konnten.

Im Schiffsmuseum *Museo Marinaro „Gio Bono Ferrari"* wird die Erinnerung an die goldenen Zeiten der Segelschifffahrt des vorigen Jahrhunderts wachgehalten, als Camoglis eine größere Flotte besaß als Genua und Hamburg und sie den kriegsführenden Nationen (und das waren nicht wenige) mietweise zur Verfügung stellte. An die 3000 hochseetüchtige Segelschiffe sind hier in einem Jahrhundert vom Stapel gelaufen (ⓣ tgl. außer Di 9–12, Mi, Sa und So auch 15–18 Uhr).

Auf einem Felsvorsprung ragt die im Inneren marmor- und stuckreiche *Basilica di Santa Maria Assunta* mit klassizistischer Fassade empor, neben ihr das trutzige, aus einem einzigen Turm bestehende *Castel Dragone* (12. Jh.). Im hier untergebrachten, hochmodernen *Acquario Tirrenico*, das vom Fischreichtum im „Golfo Paradiso" vor Camogli zeugt, kommen Angler ins Träumen (ⓣ Sommer tgl. 10–12 und 15–19 Uhr).

Die *Benediktinerabtei San Fruttuoso di Capodimonte (ⓣ Mo und Febr. geschl.) erreicht man von Camogli aus mit dem Schiff, an der Punta Chiappa vorbei. Für Wanderfreunde empfiehlt sich der Fußweg. Was man braucht, sind bequemes Schuhwerk, drei Stunden Ausdauer und Trittsicherheit auf dem stellenweise ausgesetzten, wenn auch gesicherten Steig. Prachtvolle Ausblicke auf Küste und Küstenorte und der starke Duft von Erdbeerbäumen, Ginster, Zistrosen, Rosmarin und Myrten machen die Tour zu einem unvergeßlichen Ereignis. Man kann den Weg dann in weiteren gut zwei Stunden bis Portofino fortsetzen: freiwillig oder notgedrungen, wenn die Linienschiffe bei starkem Seegang in den Häfen verankert bleiben und San Fruttuoso nicht angelaufen wird.

Die Entstehungsgeschichte der Abtei reicht weit ins Mittelalter zurück. Als die Araber im frühen 8. Jh. in Spanien einfielen, verließ Bischof Prosperus von Tarragona sein Land und suchte in Norditalien Zuflucht. Das sonnige Vorgebirge von Portofino, die üppige Mittelmeervegetation, das milde Rivieraklima mochten ihn an seine verlorene Heimat erinnern. Um den Reliquien des hl. Fructuosus, die er übers Meer herübergerettet hatte, gebührende Verehrung zukommen zu lassen, entstanden hier bald eine Kirche und ein Kloster. Doch vor den Sarazenen war auch dieses Bauwerk nicht sicher. Es wurde zerstört, im 10. Jh. von Benediktinern wiederaufgebaut und im 13. Jh. von den Doria verschönert und um den Abts-

1

Seite
39

palast erweitert. Dieses mächtige Geschlecht ließ hier zwischen 1275 und 1305 sechs ihrer Angehörigen bestatten, da die Familienkirche San Matteo in Genua wegen Umbauarbeiten unzugänglich war. Die gotischen Gräber mit den waagerechten „Doria"-Streifen aus weißem Marmor und schwarzem Stein in der Krypta sind von eindrucksvoller Schönheit. Von der einst klösterlichen Weltabgeschiedenheit kann heute in San Fruttuoso keine Rede mehr sein.

Vor dem Abteikomplex stellen sonnenhungrige Badegäste viel Haut zur Schau. Ein Geheimtip ist die Abtei heute nicht mehr, doch die Lage in einer (ehemals) einsamen Bucht und die in dichte Macchiavegetation eingehüllten Bauten machen den Ausflug dennoch lohnend.

San Rocco oberhalb von Camogli ist Ausgangspunkt für eine Wanderung auf den **Monte Portofino,** den höchsten Berg des „Naturparks Monte di Portofino", in den das Vorgebirge von Portofino 1935 verwandelt wurde. Mit seinen 610 m ist der Monte di Portofino zwar kein Gigant, kann aber mit einem Rundblick aufwarten, der an klaren Tagen bis nach Elba und Korsika reicht.

Beschaulichkeit im Hafen von Portofino

1

Seite **39**

Nicht weniger als 700 Pflanzenarten haben die Botaniker auf seinem Rücken registriert: von dichter Macchia, Garrigues und Strandkieferhainen auf der sonnigen, trockenen Südseite bis zu Weißbuchen-, Eschen- und Kastanienwäldern auf der schattigeren, feuchteren Nordseite.

❶ IAT, Via XX Settembre 33, ☎ 0185/771066.

Ⓗ **Cenobio dei Dogi,** Via Cuneo 34, ☎ 0185/770041, 🖷 772796. Exklusive Patriziervilla mit allem Komfort. Ⓢ⟩⟩
La Camogliese, Via Garibaldi 55, ☎ 0185/771402, 🖷 774024. Familiär die Atmosphäre, akzeptabel der Preis. Ⓢ

Ⓡ **Vento Ariel,** Calata Porto, ☎ 0185/771080. Vorzügliche Fischgerichte, schöner Hafenblick. Ⓢ
Spadin, ☎ 0185/770624. Romantisch an der Punta Chiappa, nur zu Fuß oder per Boot zu erreichen. Ⓢ

Nach ✶✶**Portofino** kommt man über die schmale Küstenstraße, die ab Santa Margherita an hochsommerlichen Wochenenden hoffnungslos verstopft ist. Doch auch dieser stockende Verkehr hat einen Vorteil: Man kann unterwegs Blicke auf die von prachtvollen Parks umgebenen Villen werfen, auf Felsklippen und romantische Badebuchten. Schon die Phönizier wußten, daß die kleine Bucht von Portofino der sicherste natürliche Ankerplatz der ligurischen Küste ist: windgeschützt und bei jedem Seegang zugänglich. Die Römer, deren Schiffe von hier nach Gallien in See stachen, nannten den Ort *Portus Delphini,* „Delphinhafen". Jahrhundertelang waren hier die Fischer unter sich, bauten um den Hafen eine Reihe schmaler, hoher Häuser, die sie mit Pastellfarben bemalten, als hätten sie Stadtarchitektur studiert. Doch dann kamen die Fremden und Portofino wurde eine der vielgerühmten Hochburgen der Riviera für den Geldadel. Doch anstatt schaulustig auf die Reichen am Yachthafen zu warten, sollte

man unter biblisch anmutenden Olivenhainen einen Spaziergang zum Leuchtturm an der aussichtsreichen *Punta del Capo* machen, vorbei an der herrlich gelegenen *Kirche San Giorgio* aus dem 12. Jh., 1950 wiederaufgebaut, und am *Castello di San Giorgio,* einer um 1600 errichteten genuesischen Bastion zur Verteidigung des Golfes (🕐 tgl. außer Di 10–17 Uhr).

❶ APT, Via Roma 35, ☎ 0185/16034.

Ⓗ **Piccolo Hotel,** ☎ 0185/269015, 🖷 269621. 4-Sterne-Haus in einem gepflegten Park, von den Zimmerbalkons prächtiger Golfblick. Ⓢ⟩⟩
Eden, Vico Dritto 18, ☎ 0185/269091, 🖷 269047. Zentral gelegenes Hotel. Ⓢ

Ⓡ **Il Pitosforo,** Molo Umberto 19, ☎ 0185/269020, 🖷 269047. Ein Portofino-Mythos direkt am Hafen, exklusiv die Gäste und Preise. Ⓢ⟩⟩

Weniger exklusiv-reserviert als Portofino gibt sich **Santa Margherita Ligure,** das sich ebenfalls am Fuß des Monte di Portofino ausdehnt. Das Publikum ist jung und vergnügungsfreudig, und in seinen Hotels ist Platz für jeden Geldbeutel und jeden Gusto. Nicht alle allerdings können sich den Prunk des **Imperial Palace** Ⓢ⟩⟩ leisten.

In dieser Luxusherberge mit ihrer Marmor-Stuck-Lüster-Atmosphäre waren im April 1922 der deutsche Außenminister Walther Rathenau und sein sowjetischer Kollege Georgij Wassiljewitsch Tschitscherin zusammengekommen, um den „Rapallo-Vertrag" auszuhandeln, der den Verzicht auf alle gegenseitigen finanziellen Forderungen nach dem Ersten Weltkrieg festlegte sowie die Wiederaufnahme der diplomatischen Beziehungen.

Die palmengesäumte Uferpromenade lädt zu trägem, genußreichem Schlendern und Espressotrinken ein, und durch einen üppigen Rivierapark mit exotischen Pflanzen und Statuen gelangt man zur eleganten Renaissancevilla *Durazzo Centurione* hinauf. Das vornehme, um 1560 errichtete Bau-

1

Seite 39

werk ist heute der stimmungsvolle Rahmen für sommerliche Kammermusikkonzerte.

Bevor Santa Margherita Ligure vom noblen Publikum entdeckt wurde, war es – wie alle Rivieraorte – ein Fischerdorf. Man sollte daher einen Sprung in die Kirche *Sant'Erasmo* und damit in die Sozialgeschichte des Ortes machen. Votivbilder bezeugen, welchen Gefahren Fischer und Seeleute auch hier am nicht immer sanften, nicht immer sonnigen Mittelmeer ausgesetzt waren.

Der Fischfang hatte dem Städtchen immerhin so großen Wohlstand eingebracht, daß es begehrenswert wurde: Langobarden, Sarazenen und Venezianer eroberten den Ort, im 16. Jh. der berüchtigte Korsarenführer Dragut und im 20. Jh. die Badetouristen. Doch die Einheimischen haben den Fremdenverkehr gut zu verwalten gewußt, und auf den umliegenden Hügeln haben Olivenhaine, Steineichenwälder und Mimosensträucher noch nicht anonymen, die Landschaft verschandelnden Residencekomplexen weichen müssen.

❶ APT, Via XXV Aprile 2b, ☎ 0185/287485.

🏨 **Laurin,** Corso Marconi 3, ☎ 0185/289971, 📠 285709. Traditionsreich in Hafennähe. Ⓢ
Villa Anita, Via Tiguillio 10, ☎ 0185/286543. Gemütlich und im Grünen. Ⓢ

🍴 **Il Frantoio,** Via Giuncheto 23a, ☎ 0185/286667. Vorzügliche Küche in der ehemaligen Ölmühle der Villa Durazzo (auch Pizze!). Ⓢ

Nur das kleine Kastell (16. Jh.) am Hafen von **Rapallo** erinnert noch an die tristen, gefahrvollen Zeiten der Vergangenheit, als sich die Einheimischen gegen Piratenüberfälle und Feindeseinfälle verteidigen mußten. Heute hat sich das Städtchen, nach Portofino und Santa Margherita die dritte „Perle" am Golfo del Tigullio, ganz dem Fremdenverkehr verschrieben. An der palmengesäumten Uferpromenade *Lungomare*

Sehen und gesehen werden ...

Rapallo: Mit Kanonen mußte man sich vor Piraten schützen

Der Vertrag von Rapallo machte das Städtchen weltberühmt

1

Seite
39

„Lavagna" aus Lavagna

Schiefertafeln, die *lavagne,* die früher in jeden Schulranzen gehörten, kamen aus dem ligurischen Ort Lavagna, einer Hochburg der italienischen Schieferproduktion. Bis heute werden in der Valle di Fontanabuona hinter Lavagna, in fast 1000 m Höhe, noch kilometerlange Stollen in die Berge getrieben, um dieses aus Kiesel, Tonerde, Kalziumkarbonat, Magnesium, Eisen und Wasser bestehende Gestein zu brechen. Vor 50 bis 60 Millionen Jahren hatte es sich abgelagert, und schon die ligurischen Ureinwohner nutzten es für eisenzeitliche Gräber und Grabumzäunungen. Ein regelrechter Schieferboom setzte dann im 13. Jh. ein, als die Bildhauer erkannten, daß sich dieses Material leicht bearbeiten ließ: zu Kapitellen und Weihwasserbecken für Dorfkirchen, zu Portalplastiken an gotischen Kathedralen, zu Fußböden in noblen Adelspalästen und strengen Klöstern.

Aus Schiefer und Marmor sind die dunkelgrau-weiß gestreiften Kirchenfassaden (wie San Salvatore dei Fieschi bei Lavagna), die zum ligurischen Landschaftsbild gehören – ganz zu schweigen von den unzähligen Dächern, die mit Schieferplatten gedeckt wurden. Ein ligurisches Gesetz verlangt, daß ein Schieferdach wieder nur durch ein Schieferdach ersetzt werden darf.

Auf die Kunst, einen Schieferblock in dünne, völlig glatte Platten von acht, sechs, ja gar drei Millimeter Stärke zu spalten, verstehen sich heute noch etliche „spacchin". Doch verschwunden sind die Prozessionsgängerinnen des Schiefers: junge und ältere Frauen, die im vorigen Jahrhundert bis zu 70 Kilo schwere Schieferplatten auf dem Kopf transportierten. Den langen, anstrengenden Weg aus den Steinbrüchen im Gebirge bis hinunter nach Lavagna und Chiavari, wo Segelschiffe auf dieses wertvolle Exportmaterial warteten, gingen sie oft mehrmals am Tag – barfuß. Im Gegensatz zu ihren Männern, die in den feuchten, staubigen Stollen erkrankten, waren sie trotz der harten Arbeit bei bester Gesundheit. Einträglich ist die Schieferindustrie heute nur noch in der Fontanabuona. Für Billardtische gibt es kein besseres Material als ligurischen Schiefer, der sich auch bei heutigen Architekten zunehmender Beliebtheit erfreut.

Vittorio Veneto reihen sich nostalgische Jugendstilbauten und charmante Cafés mit Glasveranden, im *Chiosco della Banda Cittadina* (Anfang 20. Jh.) spielen noch heute kleine Orchester auf. Wer sich für ligurisches Kirchengerät interessiert, findet eine Sammlung von Prozessionskreuzen im *Oratorio dei Bianchi* (🕐 tgl. von 10–12 und 15–18 Uhr). Gleich daneben sieht man die Kirche *Santo Stefano,* die über 1000 Jahre alt ist, ihre heutige Gestalt aber bei einem Umbau im 17. Jh. bekam.

Eines der großen Feste Rapallos ist der Gedenktag der hl. Jungfrau von Montallegro Anfang Juli. Die ganze Stadt macht sich auf zur 612 m hoch gelegenen Wallfahrtskirche *Nostra Signora di* *Montallegro,* die man mit dem Auto oder der Seilbahn erreicht. Mit ihrer neugotischen Fassade ist sie nicht gerade eine kunsthistorische Schönheit.

Auch Rapallo lebte bis um die Mitte des vorigen Jahrhunderts, als die ersten Touristen dort im milden Klima überwinterten, fast ausschließlich vom Fischfang. Und während die Männer auf wochen-, ja monatelanger Seefahrt waren, vertrieben sich die daheimgebliebenen Frauen die langen Wartezeiten mit dem Klöppeln von zarten Spitzen, in die sie ihre Träume und Sehnsüchte mit hineinarbeiteten. Die schönsten dieser Klöppelspitzen sind heute im *Museo del Pizzo al Tombolo* in der Villa Tigullio zu bewundern

1

Seite 39

(🕑 Di, Mi, Fr und Sa 15–18, Do 10.30 bis 12.30 Uhr).

ℹ️ APT, Via Diaz 9, ☎ 0185/54573.

🏨 **Astoria,** Via Gramsci 4, ☎ 0185/273533, 📠 274093. Jugendstilvilla am Meer, moderner Komfort. Ⓢ

Minerva, Corso Colombo 7, ☎ 0185/230388, 📠 67078. Zentral, gepflegt und ruhig. Ⓢ

🍴 **U Giancu,** San Massimo, ☎ 0185/260505, 📠 260505. Viele originelle Cartoons und (fast) vegetarische Küche. Ⓢ

In *Lorsica* und *Zoagli,* Badeorten auf dem Wege nach Chiavari, spezialisierte man sich auf das Weben edelster Seidenstoffe, mit denen europäische Fürsten- und Königshäuser beliefert wurden. Die Firma Gaggioli webt ihre Seidensamte bis heute auf einem Handwebstuhl des 18. Jhs. Daß diese, besonders als Dekorationsstoffe verwendeten Gewebe ihren Preis haben, ist nicht verwunderlich bei einer Tagesproduktion von nur drei Metern!

Der Weg nach Chiavari bietet einen prachtvollen Ausblick auf die Küste zwischen Portofino und Sestri Levante. Steil über dem Meer kommt die Wallfahrtskirche *Madonna delle Grazie (um 1430) ins Blickfeld. Ihren Innenraum hat der ligurische Künstler Teramo Piaggio mit einem bedeutenden Freskenzyklus ausgemalt: Die 1539 Szenen aus dem Leben Jesu bestechen durch ihre rosa und seegrünen Pastelltöne. Von dem bekannteren Ligurier Luca Cambiaso stammt das „Jüngste Gericht" (Mitte des 16. Jhs.).

Die Via Aurelia, die sich durch das Städtchen **Chiavari** zieht, wird im Ortszentrum zur *Via Martiri della Liberazione*. Einheimische nennen sie kurz *carrugio dritto* (gerade Gasse). Mit ihren Arkaden und ihren vielen Läden ist sie bis heute die Hauptgeschäftsstraße der Stadt – wie zu mittelalterlichen Zeiten, als Chiavari im 12. Jh. von den Genuesen als Grenzfeste gegen die

Die Sehnsucht nach dem Liebsten in die Decke geklöppelt

San Martino in Zoagli

An der ligurischen Riviera nützen Sonnenhungrige jedes Fleckchen

1

Seite 39

Fieschi-Besitzungen am anderen Ufer des Entella-Flusses angelegt wurde. Die ersten Bewohner von Chiavari waren Kaufleute. Die vorrömische Nekropole am Fuß des Burghügels belegt eine Besiedlung bereits im 8. und 7. Jh. v. Chr. Auch den Römern, die immer auf der Suche nach sicheren Stützpunkten waren, dürfte die strategisch günstige Lage von Chiavari nicht entgangen sein. Aber ihre Glanzzeit erlebte die Stadt im Mittelalter. Sie war ein Warenumschlagplatz für den Handel mit der Poebene und wurde mit Burg und Ringmauer so gut befestigt, daß selbst Reisende des 16. Jhs. den Ort noch zu den schönsten ummauerten Städten Europas zählten. Doch die Mauern fielen im 18. Jh., um Platz für neue Palazzi und Wohnhäuser zu schaffen.

Chiavari gibt sich heute als modernes Seebad. Die imposantesten Bauwerke sind der weite *Palazzo Rocca* (1629) mit archäologischem Museum (Via Costaguta 2, ◷ Di–Sa 8–19.15 Uhr), das die Fundstücke der vorrömischen Nekropole präsentiert, die mächtige, im 19. Jh. umgebaute barocke Kathedrale und der mittelalterliche *Palazzo dei Portici Neri* (Via Ravaschieri 27-33) mit hohem Schiefersockel.

Nur die Brücke über die Entella trennt Chiavari vom anschließenden Städtchen **Lavagna,** dessen Yachthafen mit 1600 Ankerplätzen der größte von Europa ist. Während die Bewohner von Chiavari brave, gehorsame Untertanen von Genua waren, pochten die in Lavagna herrschenden Grafen Fieschi jahrhundertelang stolz und selbstbewußt auf ihre Unabhängigkeit. Papst Hadrian V., ein Angehöriger dieser mächtigen Adelsfamilie, ließ im 13. Jh. im Dorf San Salvatore dei Fieschi die * *Basilica dei Fieschi* errichten. Die schwarz-weiß gestreifte Fassade, das gotische Portal mit dem Lünettenfresko, die 18speichige Fensterrose und das schlichte Innere machen sie zu einem der schönsten romanisch-gotischen Bauwerke Liguriens und gemeinsam mit dem benachbarten gotischen

Palazzo Comitale zu einem steinernen Machtsymbol der Fieschi, die durch Friedrich Schillers „Verschwörung des Fiesco zu Genua" in die Weltliteratur eingegangen sind.

❶ APT Chiavari, Corso Assarotti 1, ☏ 0185/310241.

⌂ **Giardini,** Via Vinelli 9, ☏ 0185/313951, 🖷 323096. Elegant, in Domnähe. Ⓢ
Mare e Monti, Sant'Andrea di Rovereto, Via Aurelia 86, ☏ 0185/318068, 🖷 318068. Familiäre Atmosphäre, Blick auf den Tigullio-Golf. Ⓢ

⌂ **L'Armia,** Corso Garibaldi 68, ☏ 0185/305441. Ligurische Küche. Ⓢ
Luchin, Via Bighetti 51–53, ☏ 0185/301063. Trattoria in der mittelalterlichen Altstadt. Ⓢ

Sestri Levante ist ein beschauliches Seebad, dessen kleine Altstadt noch altligurische Atmosphäre bewahrt. Gleichsam romantisch gibt sich die lange Seepromenade, die sich an der *Baia delle Favole,* der Märchenbucht, hinzieht. Auf dem weit ins Meer hineinreichenden Vorgebirge, der *Isola,* steht am höchsten Punkt die romanische Kirche *San Nicolò dell'Isola* (12. Jh.), nicht weit davon liegt der Eingang zum *Parco dei Castelli.* Hauptattraktionen sind das *Grand Hotel* (Ⓢ) in mittelalterlicher Stilimitation und der *Marconi-Turm,* in dem der Physiker Guglielmo Marconi (1874–1937) erstmals mit UKW-Wellen experimentierte.

❶ APT, Via XX Settembre 33, ☏ 0185/480749.

⌂ **Due Mari,** ☏ 0185/42695, 🖷 42698. Moderner Komfort in einer schön gelegenen, alten Adelsvilla. Ⓢ

⌂ **Fiammenghilla Fieschi,** Via Pestella 6, ☏ 0185/481041. Stilvoll in einer antiken Fieschi-Villa. Ⓢ
Polpo Mario, Via XXV Aprile 163, ☏ 0185/480203. Klassische und phantasievolle Küche. Ⓢ

Weinterrassen um Corniglia

Route 2

Pittoreske Farbigkeit:
*Cinque Terre

Levanto – Monterosso al Mare –
Vernazza – Corniglia – Manarola –
Riomaggiore (ca. 45 km)

Adlerhorsten ähnlich kleben die
kleinen Dörfer der „Cinque Terre" mit
ihren bunten, zusammengewachsenen
Häusern an der Felsenküste. Als
„Paradies auf Erden" hat schon Lord
Byron, der sich als vielgereister Dichter auf landschaftliche Schönheiten
verstand, diesen Küstenstrich bezeichnet. Bis zum vorigen Jahrhundert
tranken die Einheimischen den Wein,
den sie mühsam an den sonnigen
Hängen anbauen, noch allein und in
völliger Abgeschiedenheit. Heute
teilen sie ihn mit den vielen Touristen,
die zu jeder Jahreszeit in die Dörfer
mit den steilen Gassen und den hand-
tuchgroßen Plätzen kommen.

Schlechte Zufahrtsmöglichkeiten
haben die Cinque Terre bisher noch
vor dem Massenansturm bewahrt.
Umso mehr kommen Wanderer auf
ihre Kosten, die hier gut markierte
Wege, atemberaubende Ausblicke und
gemütliche Einkehr finden. Einen Tag
solle man sich für diese Route Zeit
nehmen.

Um Mißverständnissen vorzubeugen:
Die 45 km Routenlänge sind ein rein
theoretischer Hinweis. Denn nieman-
dem würde es einfallen, die *Cinque Terre* per Auto abzufahren – was zwar
möglich ist, aber an Wahnwitz grenzt.
Die Stichstraßen, die zu den einzelnen
„fünf Dörfern" Monterosso, Vernazza,
Corniglia, Manarola und Riomaggiore
hinunterführen, sind schmal, steil und
kurvenreich; die sowieso schon wenigen Parkplätze an den Ortsrändern sind

den Einheimischen vorbehalten. Doch
vor allem bringt man sich bei einer
Autofahrt um den Cinque Terre-Genuß,
den man nur zu Fuß erleben kann.

Für Wandervögel bieten die Cinque
Terre ein reiches Betätigungsfeld wie
kaum ein anderes italienisches Gebiet
außerhalb der Alpen. Man kann von
einem Ort zum anderen wandern und
sich vom Zug wieder an den Ausgangspunkt zurückbringen lassen.
Oder man geht auf dem *Sentiero Azzurro*, dem „blauen Weg", hoch über
dem Meer durch die einzelnen Dörfer.

Vor allem an schönen Wochenenden
im späten Frühjahr und im frühen
Herbst ist der Wanderweg jedoch über-
laufen wie eine Strandpromenade in
Rimini. Ausweichmöglichkeiten bieten
dann der Kammweg *Sentiero Rosso
Nr. 1,* der bis auf über 700 m ansteigt
und Bergtüchtigkeit voraussetzt, oder
die am Hang verlaufende *Via dei Santuari,* die fünf Wallfahrtskirchen miteinander verbindet (s. Exkurs S. 47).

Es empfiehlt sich, die Cinque-Terre-
Tour in **Levanto** zu beginnen. Zumal
das kleine Seebad mit so manchen Sehenswürdigkeiten aufwarten kann. Die
Loggia del Comune an der Piazza del
Popolo stammt mit ihren auf romanischen Kapitellen ruhenden Arkaden
aus dem 13. Jh., noch dreißig Jahre
älter ist die gotische *Pfarrkirche Sant'
Andrea* mit ihrer ligurischen Streifen-
fassade. Ein Flachrelief am *Oratorio di
San Giacomo* des heiligen Jakobus
(16. Jh.) belegt, daß der uralte „Jakobs-
weg" nach Santiago de Compostela
auch durch Levanto führte.

Etwa vier Stunden dauert der Weg von
Levanto bis Riomaggiore. Bis **Monterosso al Mare** sollte man die Bahn nehmen. Das rechte Cinque Terre-Ambien-
te mit zusammengewachsenen Häusern, zum Keuchen steilen Gassen und
bis auf die Dorfpiazza gezogenen Fi-
scherbooten will hier zwar noch nicht
aufkommen. Aber dafür kann Monterosso mit dem einzigen Küstenstrich
aufwarten, der den Namen „Bade-

strand" verdient. Im Ort liegt auch die älteste der fünf Cinque-Terre-Pfarrkirchen, die im 13./14. Jh. erbaut wurde. Daß die gotische Kirche *San Giovanni Battista* dem genuesischen Schutzpatron Johannes dem Täufer geweiht wurde, deutet auf stabile Herrschaftsverhältnisse: Der Küstenstrich war seit 1276 in Genuas Hand. Aus Genua kamen auch die Künstler, wie beispielsweise Luca Cambiaso, Bernardo Castello und Bernardo Strozzi, deren Werke aus dem 16./17. Jh. die am Hang gelegene Kapuzinerkirche *San Francesco* (1619) schmücken. Ein Ziel für Literaturpilger ist die ziegelrote Villa des aus Ligurien stammenden italienischen Dichters und Nobelpreisträgers Eugenio Montale (1896–1981, Nobelpreis 1975), der hier viele Sommer seiner Kindheit und Jugend verbrachte: Das Meer wird in seinen Gedichten immer aus der Ferne und Höhe gesehen – wie eben hier aus diesem Landhaus seiner Familie.

Der *Sentiero Azzurro* (Nr. 2, blau-weiße Markierung), der nach *Riomaggiore*

Die Zeit ist in Vernazza stehengeblieben

2

Seite **48**

Auf den Spuren mittelalterlicher Pilger

Man möchte es kaum glauben: Die Bewohner der Cinque Terre, dieser ganz dem Meer zugewandten ligurischen Prachtküste, hatten ursprünglich oben auf den Bergen gesiedelt und von der Landwirtschaft gelebt. Erst zwischen dem 10. und dem 12./13. Jh. trauten sie sich aus ihren Siedlungen oben am Berghang, die um Klöster und Kirchen entstanden waren, ans Meer hinunter. So wird eine Tour – mit dem Auto, dem Mountain-Bike oder hoch zu Roß – zu den über den Cinque-Terre-Dörfern gelegenen Wallfahrtskirchen eine Fahrt in die Geschichte dieser faszinierenden Landschaft. Über jedes der fünf Dörfer wacht oben am Berghang eine kleine Pfarrkirche. Da liegt oberhalb von Monterosso in 465 m Höhe die Kirche Madonna di Soviore, wo im Sommer Konzerte klassischer Musik abgehalten werden. Zu Vernazza gehört die Kirche Nostra Signora di Reggio, zu Corniglia Nostra Signora delle Grazie, zu Manarola Nostra Signora della Salute und zu Riomaggiore schließlich die Kirche Madonna di Montenero, allesamt Marienheiligtümer, die die *Via dei santuari*, die „Straße der Wallfahrtskirchen", verbindet. Erholung von dieser anregenden Tour findet man im Kloster der *Madonna di Soviore* hoch über Monterosso, wo man preiswert essen und logieren kann (☎ 0187/817385. ⑤).

führt, verläuft noch heute auf mittelalterlichen Saumpfaden, auf denen die Einheimischen schon seit Jahrhunderten Waren transportierten und Neuigkeiten austauschten. Kleine, dicht bepflanzte Gärten, archaische Olivenhaine sowie sorgsam gepflegte Weinberge säumen den Weg, der faszinierendschöne Ausblicke auf die atemberaubende Küste freigibt, die in Italien wohl nur an der sorrentinischen Halbinsel ihresgleichen findet. Die Landschaft scheint nur aus schmalen, wie von einem Grafiker ersonnenen Geländeterrassen zu bestehen, aus mühsam angelegten und mühsam instandgehaltenen Trockenmauern. Doch dieses Werk jahrhundertelangen, hartnäckigen Fleißes kann in kürzester Zeit zunichte gemacht werden, wenn heftige Gewitterschauer oder tagelange Regenfälle die unter größten Strapazen bergauf beförderte Erde wieder zu Tal schwemmen.

Schon von weitem ist **Vernazza** zu sehen, das Lieblingskind der Cinque Terre. Die mehrstöckigen Häuser sind wie zu einem einzigen, labyrinthartigen Bauwerk zusammengewachsen, schmale Gassen führen an reliefgeschmückten Portalen vorbei, und über den Ort wacht ein aus dem Steilfelsen wachsender mittelalterlicher Rundturm, der ebenso wie der klotzige, rechteckige Sarazenenturm am Hafen längst seine Funktion verloren hat. Treffpunkt der Einheimischen wie der Fremden ist die kleine Piazza hinter der gotischen, im 14. Jh. entstandenen Pfarrkirche *Santa Margherita d'Antiochia* direkt am Hafen: Um hier im Ort, wo jeder Meter kostbar ist, keinen Platz zu vergeuden, hat die Kirche eine abgeflachte, dem kleinen Platz zugewandte Apsiswand mit eigenem Eingang bekommen. Der achteckige Glockenturm bringt eine charakteristische Note ins Dorfbild. Der Innenraum beeindruckt in seiner schlichten Strenge.

Im Gegensatz zu den anderen Dörfern liegt **Corniglia** nicht direkt am Meer, sondern streckt sich auf einem 100 m hohen, schiffsbugartigen Felsen aus.

Anders als die anderen Orte der Cinque Terre sind hier keine Fischer zuhause, sondern Weinbauern. Weinfreunde machen sich hier auf die Suche nach dem bernsteinfarbenen, hochgradigen *Sciacchetrà*-Wein, der aus wochenlang gedörrten Trauben gepreßt wird und im Handel sehr rar ist. Aber nicht weniger süffig ist der Weißwein *Cinque Terre DOC,* der ebenfalls aus Albarola-, Bosco- und Vermentino-Trauben gewonnen wird und ein guter Kompagnon zu heimischen Fischgerichten ist. An der Pfarrkirche *San Pietro,* die 1334 in Corniglia auf den Resten einer Kapelle des 11. Jhs. errichtet wurde, fallen eine schöne Fensterrose aus Carrara-Marmor und das gotische Portal mit reliefgeschmückter Lünette auf. Fast schwindelerregend ist der Blick von der Belvedere-Terrasse auf die Küste, zu der 377 Stufen hinunterführen.

Unten am Bahnhof führt der Wanderweg dann weiter nach **Manarola.** Die rosa, rostbraunen, gelben und hellgrü-

nen Häuser, deren Farben sicher auch Paul Klee gefallen hätten, drängen sich dicht aneinander, um nicht das Gleichgewicht zu verlieren und über die grauen Steilfelsen ins Meer zu stürzen. Auch hier findet sich eine gotische Pfarrkirche: *San Lorenzo* aus dem 14. Jh. mit einer marmornen Fensterrose. Die Piazza ist klein und der Hafen so winzig, daß die bunten Fischerboote an Land gezogen werden müssen.

Auf der letzten Wegstrecke erreicht man **Riomaggiore.** Die *Via dell'Amore* verbindet mit einem bequemen, in senkrechte Felsen gehauenen Steig Manarola mit diesem letzten der fünf Dörfer. In Wirklichkeit wurde der Weg in den 30er Jahren nicht für romantische Mondscheinpro-

Seite 48

Natur und Mensch haben hier pittoresk zusammengearbeitet

menaden angelegt, sondern um rascher zu einem hier gelegenen Pulvermagazin zu gelangen.

Wiewohl der Ort von La Spezia her auf einer Straße zu erreichen ist, atmet man auch hier noch den Geist vergangener Zeiten. Einer der ersten Touristen im Dorf war der Maler Telemaco Signorini. Der führende Vertreter der italienischen „Macchiaioli"-Künstlergruppe, die sich zum impressionistischen Malen in der Natur bekannte, kam zum erstenmal 1860 nach Riomaggiore, zehn Jahre vor der Eisenbahn, die den Cinque Terre neue Entwicklungsperspektiven eröffnete. „Mehr als von Häusern ist der Bach... von Spelunken gesäumt, aus denen jeder nur erdenkliche Dreck herausrinnt", schrieb er von seiner ersten Begegnung mit dem östlichsten Cinque-Terre-Dorf. „Kein Laden, und kein Einwohner, der sich bei unserem Anblick nicht verkrochen hätte". Trotz dieser schlechten Eindrücke ging es Signorini nicht anders als jedem Besucher von heute: Die Cinque Terre mit ihren Märchendörfern ließen ihn nicht mehr los. Signorini kam im Jahr 1881 wieder, verbrachte von 1892 bis 1899 jeden Sommer hier und hielt auf der Leinwand viele charakteristische Winkel von Riomaggiore fest. Ihm zu Ehren ist im Dorf, das mit seinen vielstöckigen, zusammengerückten Häusern jeden Augenblick in den tief eingeschnittenen Rio Major abzurutschen scheint, die Hauptstraße benannt, die vom Bahnhof zur Kirche ansteigt. Die gotische Pfarrkirche *San Giovanni Battista* wurde als letzte der Cinque-Terre-Kirchen um das Jahr 1340 begonnen. Aus dieser Zeit ist noch die Fensterrosette erhalten.

Für erfahrene Bergsteiger bietet sich eine Wanderung von Levanto bis Riomaggiore auf der *Alta Via delle Cinque Terre* an, bei der man immer dem Kamm zwischen dem Vara-Tal und dem ligurischen Meer folgt. Diese achtbis neunstündige Bergtour, die entsprechende Kondition und Ausrüstung voraussetzt, führt anfangs zu dem Aussichtskap *Punta Mesco* bei Monterosso, schließlich bis zur 330 m hohen *Colla di Gritta* sowie zur Wallfahrtskirche *Madonna di Soviore* (s. Exkurs S. 47).

Hier folgt man den Weg Nr. 1, dessen höchster Punkt die Sella di Malpertuso mit 812 m ist. Mehr als andere Wanderungen zeigt dieser Höhenweg das ligurische Janusgesicht: auf der einen Seite das blaue Meer, auf der anderen das grüne, einsame Gebirge, und am Wegrand lilafarbene Erikasträucher, weiß und rötlich blühende Erdbeerbäume und gelber Stechginster.

❶ IAT, Monterosso al Mare, Via Fegina, ☎ 0187/19016.

🚢 Wer die Cinque Terre auf dem Seeweg erreichen möchte, kann das Schiff von Rapallo, Chiavari, Levanto, Portovenere, Lerici oder La Spezia aus nehmen.

Ⓗ **Porto Roca,** Monterosso al Mare, Via Corone 1, ☎ 0187/817502, 📠 817692. Senkrecht über dem Meer und mit entsprechend faszinierender Aussicht. Ⓢ⟩⟩

Ca' d'Andrean, Manarola, Via Discovolo 25, ☎ 0187/920040. Komfort in einer ehemaligen Ölmühle. Ⓢ

Palme, Monterosso al Mare, Via IV Novembre 18, ☎ 0187/817541, 📠 818265. Gepflegt und von einem schönen Garten umgeben. Ⓢ⟩

Due Gemelli, Campi bei Riomaggiore, Via Litoranea 1, ☎ 0187/920111. Unvergleichlich schöne Lage hoch über dem Meer, umgeben von Weinbergen und Kastanienhainen. Ⓢ

Ⓡ **Gambero Rosso,** Vernazza, Piazza Marconi 7, ☎ 0187/812265. Ein Klassiker mit Atmosphäre und gepflegter Küche. Ⓢ⟩⟩

Da Peo, Monterosso al Mare, Via XX Settembre 32, ☎ 0187/818384. Fisch nach jeder Façon in mittelalterlichen Mauern. Ⓢ

De Manan, Corniglia, Via Fieschi 117, ☎ 0187/821166. Rustikale „Osteria" in einem Bauwerk des 14. Jhs., nicht nur Fisch. Ⓢ

Seite 48

Route 3

Zwischen Kriegs- und Marmorhäfen

*Portovenere – La Spezia – Lerici – Sarzana – Luni (ca. 85 km)

Das Arsenal für Kriegsschiffe, die seit 150 Jahren in La Spezia hergestellt werden, hat der Stadt einen militärischen Anstrich gegeben, und kriegerische Auseinandersetzungen hat es in vergangenen Zeiten oft auch um die mittelalterliche Burg von Lerici gegeben. Doch nicht Waffengewalt und Schlachtengetümmel haben diese Gegend in aller Welt berühmt gemacht, sondern ihre landschaftliche Schönheit. Die Romantiker waren hier zu Hause, der Schweizer Maler Arnold Böcklin, die englischen Dichter George Lord Byron und Percy B. Shelley, der in diesem „Golf der Dichter" auf dem Meer ums Leben kam. Ein italienisches Bilderbuchdorf ist das ehemalige Korsarennest Portovenere. Sarzana, ein beliebter Treffpunkt der Antiquitätenhändler aus ganz Italien,

Seite 49

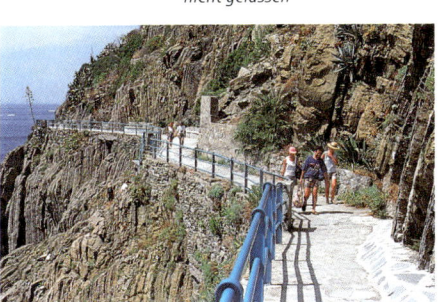

Viel Platz haben die Berge für Riomaggiore nicht gelassen

Steile, felsige Wege

wird von einer Trutzfeste der toskanischen Medici-Herrscher überragt, und es blickt schon gern in die nahe Toskana hinüber. Internationaler Handel blühte vor 2000 Jahren in Luni, wo heute nur noch stimmungsvolle Ruinen an den reichen Marmorhafen der Römer erinnern. Einen Tag sollte man sich für diese Route Zeit nehmen.

Als gewiefte Seefahrer wußten die Genuesen, wie im Mittelalter ein sicherer Küstenort auszusehen hatte. Und als sie *Portovenere im Jahr 1113 erwarben, gaben sie dem Fischerdorf eine städte-

Umbrandete Kirche: San Pietro in Portovenere

bauliche Struktur, die selbst den Attakken erfahrenster Korsaren widerstehen konnte. Als genuesische Grenzfeste mußte Portovenere jeden Moment mit feindlichen Angriffen rechnen, mit Piratenüberfällen oder mit Aggressionen von der pisanischen Burg in Lerici am gegenüberliegenden Ufer des Golfs: daher die zum Meer hin geschlossene Häuserfront, die leicht zu verteidigen war, daher die engen, winkligen Gassen, die bei drohender Gefahr in Sekundenschnelle verriegelt wurden. Die Häuser wuchsen damals aus militärischen Erfordernissen direkt aus den Felsen heraus. Im Ernstfall konnten die Klippen mit rutschigem Talg beschmiert werden, während die Frauen aus den Fenstern Teer oder kochend heißes Öl auf die Feinde gossen. So wurden die Gegner mit simplen, aber wirksamen Methoden vertrieben.

Genua hatte Portovenere, um dessen strategische Bedeutung es wußte, von Anfang an mit Samthandschuhen angefaßt, hatte es mit einem Kastell und zwei Kirchen ausstaffiert. Ortsbeherrschend ist die 1162 angelegte Burg, die im 16. und 17. Jh. erweitert und ausgebaut wurde. Noch vor dem Kastell hatten die neuen genuesischen Herren die romanische Kirche *San Lorenzo* errichtet, die 1130 von Papst Innozenz II. geweiht und später mit Gotik- und Renaissancestrukturen verändert wurde. Bemerkenswert sind in der Portallünette das „Martyrium des hl. Lorenz" und im Innern ein kleines Marienbild: Die Engel selbst, so will es die Überlieferung, sollen diese „Weiße Madonna" auf Pergament gemalt haben, um 1399 eine verheerende Pestepidemie abzuwenden. Besonders eindrucksvoll gibt sich die Kirche im Fackelschein, wenn sie alljährlich am 17. August Ziel einer nächtlichen Prozession wird.

Nicht weniger stimmungsvoll ist der feierliche Umzug am 29. Juni zu Ehren der Heiligen Peter und Paul zur Kirche *San Pietro.* Das äußerst malerisch auf einem Felskap gelegene Gotteshaus entstand um 1250, ein strenger Bau mit

einem stillen Innenraum und einer später angelegten, vierbogigen Loggia, die einen wundervollen Blick auf die Cinque Terre bis zur Punta Mesco freigibt. Am Fuß des Kirchenfelsens erinnert die *Grotta Byron* an den englischen Romantiker, der sich – nach langen Schwimmtouren – gern hierher zurückzog, um ungestört und mit lauter Stimme seine Verse zu deklamieren.

Eine lange Freitreppe führt zur *Calata Doria* am Hafen zurück, wo vor farbigen Häusern buntes Treiben herrscht. Schmale Gassen gehen von hier zur *Via Capellini,* der malerischen Hauptstraße, in der man noch heute viele Läden und Häuser mit eleganten Schiefer- und Marmorportalen findet.

Unerläßlicher Bestandteil eines Besuchs von Portovenere ist eine 10minütige Bootsfahrt zur *Isola Palmaria,* einer mit dichtester Macchia bewachsenen, höhlenreichen Felseninsel, auf der Reste steinzeitlicher Siedlungen ans Tageslicht gekommen sind. Die Ruinen der *Abtei San Venerio* (11. Jh.) liegen auf der sehr viel kleineren *Isola del Tino,* die nur zum Venerius-Fest am 13. September und am darauffolgenden Sonntag besucht werden darf.

❶ IAT, Piazza Bastreri 1, ☎ 0187/900691.

🏨 **Paradiso,** Via Garibaldi 24, ☎ 0187/900612, 📠 902582. Familiäre Atmosphäre, prachtvolle Lage. Ⓢ

🍴 **Taverna del Corsaro,** Calata Doria 102, ☎ 0187/900622. Fisch ist König in diesem stimmungsvollen Lokal. Ⓢ

Antica Osteria del Carrugio, Via Cappellini 66, ☎ 0187/900617. Sympathisches, altertümlich eingerichtetes Restaurant im Zentrum. **Locanda Lorena** auf der Palmaria-Insel, ☎ 0187/902370. Prachtvolle Aussichtsterrasse zum Speisen und acht Zimmer für erholsamen Aufenthalt. Ⓢ

Als Napoleon 1797 Ligurien eroberte und in **La Spezia** einzog, war er von dem kaum 3000 Seelen zählenden Fischerdorf begeistert: „Es ist der schönste Hafen der Welt, seine Reede ist besser geschützt als die von Toulon, und er kann sowohl vom Lande als auch vom Meer her leicht verteidigt werden." Der weitblickende Korsenkaiser hatte große Pläne im Kopf, wollte La Spezia in einen Militärhafen verwandeln und hier 12 000 Personen ansiedeln. Doch wichtigere Tagespunkte und politische Schicksalsschläge ließen ihm keine Zeit zu diesem Projekt, das um 1860 von den verantwortlichen Politikern des eben geeinten italienischen Königreiches wieder aufgenommen wurde. La Spezia bekam ein Arsenal und später einen Handelshafen. Heute ist die Stadt mit ihren knapp 109 000 Einwohnern die zweitgrößte Liguriens und Italiens wichtigster Marinestützpunkt sowie sommerlicher Fährhafen nach Korsika. Doch ihr wirtschaftliches Gewicht entspricht nicht der touristischen Bedeu-

Gleichklang der Arkaden auf der Piazza Verdi in La Spezia

3

Seite 49

Die Wanderbuchhändler aus der Lunigiana

Daß die Lunigiana in vergangenen Zeiten kein entlegenes Tal war, bezeugen die vielen Burgen und Burgruinen, die über den Ortschaften aufragen.

In den romanischen Kirchen des Tals trafen künstlerische Einflüsse aus Ligurien, der Lombardei, der Toskana und der Emilia zusammen. Auch die faszinierenden Stelenstatuen, die in Pontremoli (und in La Spezia) zu sehen sind, zeugen von hoher bildhauerischer Qualität. An die sechzig dieser rätselhaften anthropomorphen Sandsteinstatuen sind im Tal entdeckt worden, wo sie vor 3000 bis 5000 Jahren entstanden.

In Pontremoli, dem Hauptort der schon toskanischen Lunigiana, die sich von Sarzana gegen die Apenninpässe vorschiebt, wird heute alljährlich der „Premio Bancarella" vergeben, einer der angesehensten und von verlegerischen Schachzügen kaum manövrierten italienischen Literaturpreise. Die Jury besteht ausschließlich aus Buchhändlern – denn Buchhändler haben den Ruf der Lunigiana in alle Welt getragen. Das Leben war im vergangenen Jahrhundert hart und karg in diesem armen Apennintal, und so versuchten die Einheimischen ihr Glück als Wanderhändler: anfangs mit Messern und Schleifsteinen, mit Wolle und Garnen. Und dann mit Büchern. Die Männer beluden ihre Rückenkiepe mit neuen und gebrauchten Büchern, stellten auf Märkten und Dorfplätzen ihre *bancarella* auf, ihren Bücherstand. Und sie machten ihr Glück. Aus der Lunigiana stammende Familien wie die Bertoni, die Fogola, die Giovannacci, die Lorenzelli, die Maucci und die Tarantola wurden die größten italienischen Buchhändler, deren Nachfahren bis heute in norditalienischen Städten anzutreffen sind. Und auf dem Hauptplatz des Lunigiana-Dorfes Montereggio erinnert ein Denkmal an die große Tradition der Wanderbuchhändler.

3

Seite
49

tung. La Spezia präsentiert sich modern und weitgehend anonym und gibt sich nicht gerade einladend. Einige Sehenswürdigkeiten verdienen allerdings Beachtung. Neben dem Arsenal liegt das *Museo Tecnico Navale* . Marineinteressierte haben hier ihre Freude an Modellen von römischen und griechischen Ruderschiffen, von Karavellen, mit denen der Ligurer Christoph Kolumbus die Neue Welt entdeckte, von bourbonischen Segelschiffen und von italienischen Motorschiffen des vorigen Jahrhunderts. Interessant ist auch die Sammlung von Galionsfiguren: Die 1864 im Atlantik aufgefundene, barbusige „Atlanta" soll nicht wenigen Männern den Kopf verdreht haben (○ Di, Mi, Do, Sa 9–12 und 14–18, Mo und Fr 14–18 Uhr).

In die ligurische Vergangenheit führt das *Museo Civico* . Die archäologische Sammlung umfaßt aus der nahen Lunigiana stammende *Stelen:* steinerne Frauen- und Männergestalten, stumme Zeitgenossen unserer bronze- und eisenzeitlichen Vorfahren. Ausdrucksvolle Büsten und prunkvolle Mosaikböden gehören zu den Prachtstücken der aus Luni stammenden Funde aus römischer und frühmittelalterlicher Zeit, die ebenfalls im städischen Museum aufbewahrt werden (○ Di–Sa 8.30–13 und 14–19, So 9–13 Uhr).

Das wuchtige *Castello San Giorgio* war im 12. Jh. von der damals mächtigen Familie Fieschi gegründet und im 14. und 17. Jh. von den Genuesen umgebaut und erweitert worden. Die imposante Verteidigungsanlage kündet noch heute von den frostigen Zeiten. Am Fuß des aussichtsreichen Burghügels liegt die Kirche *Santa Maria Assunta*. Die schöne „Marienkrönung", eine bedeutende farbige Terrakotta von Andrea della Robbia (um 1500), mag sie darüber hinwegtrösten, daß sie 1975 ihren jahrhundertealten Kathedralentitel an die Kirche *Cristo Re* abtreten mußte. Dieser neue Dom ist mit seinem kreisförmigen Grundriß eine beachtliche Arbeit des Architekten Adalberto

Libera (1903–1963), der sich in den 20er und 30er Jahren als namhafter Vertreter des italienischen Rationalismus hervorgetan hatte. Überhaupt ist La Spezia reich an Beispielen funktionaler Baukunst: Das *Quartiere Umberto I* nördlich von Museo Civico wurde im vorigen Jahrhundert nach dem Vorbild der französischen „Cités Ouvrières" und der Krupp-Siedlung in Essen als Arbeiterviertel angelegt.

ⓘ APT, Viale Mazzini 47,
☎ 0187/770312, 🖷 770908.

Ⓗ **Firenze e Continentale,** Via Paleocapa 7, ☎ 0187/31248, 🖷 33512. Moderner Komfort in einem älteren Bauwerk. Ⓢ

Ⓡ **Il Moccia,** Pegazzano, Via Chiesa 30, ☎ 0187/707029. Gemütliche Trattoria mit unverfälschter ligurischer Küche. Ⓢ

Veranstaltungen: Ruderregatta „Palio del Golfo" mit nächtlichem Feuerwerk (1. Augustsonntag).

Die weite Bucht von La Spezia wird auch als „Golf der Dichter" bezeichnet. Denn besonders die an ihrer Ostseite gelegenen Dörfer haben mit ihrer archaischen Landschaft und ihren nostalgischen Häuserzeilen im vorigen Jahrhundert viele romantische Gemüter angezogen.

In **San Terenzo** hielten sich der Schweizer Maler Arnold Böcklin und die englischen Dichter George Lord Byron und Percy B. Shelley auf. Im Juni 1822 hatte Shelley mit der Arbeit an „The Triumph of Life" begonnen. Anfang Juli segelte er zu seinem Freund George Lord Byron und zum Schriftstellerkollegen James Henry Leigh Hunt nach Pisa, geriet aber auf der Rückreise in einen Sturm und ertrank. Am 18. Juli wurde seine Leiche angeschwemmt, einen Monat später hat man sie auf einem Scheiterhaufen am Meer verbrannt. In der *Villa Magni,* von der seine tragische Fahrt ausgegangen war, dokumentiert ein kleines Museum Leben und Werk des Dichters.

Der touristische Bauboom hat San Terenzo mit **Lerici** verschmolzen und beiden Orten viel von ihrer Atmosphäre genommen. Ortsbeherrschend ist in Lerici die vorzüglich erhaltene, imposante mittelalterliche *Burg.* Sie war 1241 – als Gegenpol zum genuesischen Portovenere – von den Pisanern, den Erzfeinden zu See, errichtet worden.

Doch die Freude der Pisaner dauerte nicht lange: Schon 1256 kam das Kastell fest in die Hand der Genuesen. Am Eingangsportal zur gotischen Burgkapelle *Sant'Anastasia* verherrlicht eine Inschrift diesen Sieg (◷ April–Okt. tgl. 9.30–12.30 und 15.30–19 Uhr, Juli und Aug. bis 21 Uhr, übrige Monate nur Sa und So 9.30–12.30 und 14–17 Uhr).

Winzige Badebuchten und stimmungsvolle Höhlen liegen an der Küste zwischen Lerici und **Tellaro,** das sich mit seiner aus den Felsen wachsenden Kirche und den farbigen, verschachtelten Häusern noch den authentischen Charme eines ligurischen Fischerdorfes bewahrt hat. D. H. Lawrence ließ sich im nahen, damals noch weltverlorenen Fiascherino nieder; der italienische Schriftsteller und Regisseur Mario Soldati fand in Tellaro seine zweite Heimat.

❶ IAT, Via Gerini 40, Lerici, ☏ 0187/967346.

🏨 **Byron,** Via Biaggini 19, ☏ 0187/967104, 🖷 967409. Direkt am Meer mit entsprechend faszinierender Aussicht. Ⓢ **Villa Maria Grazia** in Fiascherino, ☏ 0187/967507. Wenige Zimmer inmitten biblischer Olivenhaine. Ⓢ

🍴 **Il Maestrale,** Loc. Zanego, ☏ 0187/966952. Einheimische Spezialitäten. Ⓢ

Montemarcello schiebt sich auf seinem Kap wie eine Galionsfigur gegen das Meer vor. Schmale Gassen zwischen steinernen oder rosafarbenen Häusern, Jasminduft und eine prachtvolle Aussicht haben viele Mailänder VIPs und Intellektuelle angezogen, die sich in

Leuchttürme weisen den Weg übers Meer und sind beliebter Treffpunkt

3

Seite **49**

Das Shelley-Museum gedenkt eines rivieraverliebten Dichters

Hafenidylle in Tellaro

alten Bauernhäusern, ausgedienten Ölmühlen und mittelalterlichen Wacht-
türmen niedergelassen haben.

Schon die Römer hatten die strategische Bedeutung des Vorgebirges er-
kannt und von hier aus ihren Marmorhafen Luni verteidigt, im Mittelalter
war Montemarcello ein Stützpunkt gegen die ständige Sarazenengefahr, im
Zweiten Weltkrieg diente es den Deut-
schen als militärischer Kontrollpunkt.

Auf einer Höhenstraße oder über das
Seebad **Bocca di Magra,** das in den
sechziger Jahren Wohnort des italienischen Schriftstellers Elio Vittorini war,
gelangt man nach **Ameglia.** Um einen
Burghügel drängen sich hohe, schmale
Bauern- und Fischerhäuser aus den
vergangenen 300 Jahren, vom Kirchenvorplatz genießt man einen herrli-
chen Ausblick auf die Ebene von Luni
und die marmorweißen Apuanischen
Alpen, die schon zur Toskana gehören.
Auch hier waren es wieder die Römer,
die die Schönheit des Ortes zu schätzen
wußten und hier in vornehmen Villen
lebten. 963 wird Ameglia in einer Ur-
kunde Kaiser Ottos I. als Amtssitz des
Bischofs von Luni geführt. Heute hat
Ameglia vor allem eine kulinarische
Anziehungskraft.

Ⓡ **Paracucchi–Locanda dell'Angelo,**
Marinella di Sarzana,
Viale XXV Aprile 60, ☏ 0187/64391.
Das an ein Hotel angeschlossene Re-
staurant gilt seit Jahren als *der* italie-
nische Gastronomietempel. Ⓢ⟩⟩
Dai Pironcelli in Montemarcello,
Via della Mura 45, ☏ 0187/601252.
Lokale Fisch- und Fleischgerichte, ser-
viert mit Charme. Ⓢ⟩

Sarzana wäre vielleicht niemals zu seiner heutigen Bedeutung angewachsen,
wenn sich nicht vom 11. Jh. an Flücht-
linge aus dem nahen, versumpfenden
Luni hier angesiedelt hätten. Im Jahr
1204 wurde auch der Bischofssitz von
Luni hierher verlegt, und von diesem
Moment an wurde Sarzana wegen
seiner für Krieg, Kommunikation und
Kommerz günstigen Lage hofiert wie

kaum eine andere Stadt: von Pisa, Luc-
ca, Mailand, Genua und Florenz.

Im Auftrag von Lorenzo de' Medici
entstand 1488 die mächtige, von Wall-
gräben umgebene *Cittadella,* an der
auch der auf Festungen spezialisierte
Renaissancebaumeister Giuliano da
Sangallo mitwirkte. Noch eindrucksvoller ist die nordöstlich der Stadt auf
einem Hügel gelegene Festung *Sarzanello,* die über einem dreieckigen
Grundriß erbaut wurde. Trotz zahlrei-
cher Umbauten hat die Feste ihr trutzi-
ges Äußeres bewahrt – längst dient sie
nicht mehr kriegerischen Zwecken,
sondern kulturellen Veranstaltungen.

Toskanische Baukünste prägen auch
die Altstadt. Die romanisch-gotische
Kathedrale ★*Santa Maria Assunta*
(13./15. Jh.), vor der sich das Denkmal
des aus Sarzana stammenden Papstes
Nikolaus V. erhebt, bewahrt eine Fülle
erstaunlicher Kunstwerke, darunter das
toskanische ★*Kreuz des Meisters Guglielmo* (1138, wird derzeit restauriert)
und zwei marmorne Flügelaltäre von
Leonardo Riccomanni aus dem toskanischen Pietrasanta (15. Jh.).

Sarzana, heute ein kleiner, verschlafe-
ner Ort, war in den vergangenen Jahrhunderten ganz und gar keine Provinz-
stadt. Im Mittelalter zogen Pilger durch
seine Straßen: auf der Via Francigena
nach Rom und ins Heilige Land, auf
dem Cammino di Santiago nach Compostela. Heute kommen jeden August
Trödler aus ganz Italien nach Sarzana,
um bei der *Soffitta in strada* ihre Alt-
waren in den Altstadtgassen auszubrei-
ten, während die Antiquitätenhändler
wertvolle Altertümer im Palazzo degli
Studi ausstellen.

Kaum einen Kilometer von der ligu-
risch-toskanischen Grenze entfernt
liegt **Luni.** Die Römer hatten die Sied-
lung im 2. Jh. v. Chr. als antiligurische
Militärfestung anlegen lassen, die sich
bald zu einem lebendigen Hafen entwickelte. Hier wurden Wein und Käse
aus der (toskanischen) Lunigiana, Holz
aus den dichten Apenninwäldern, und

vor allem Marmor aus den Apuanischen Alpen eingeschifft und nach Rom transportiert. Carrara und seine Marmorbrüche sind nur einen Katzensprung entfernt, und schneeweißer, reiner Marmor aus den „Lunae Montes", wie die Apuanischen Alpen damals hießen, war in Rom sehr gefragt. Doch mit dem Niedergang des römischen Imperiums ließ auch der Bauboom nach, und die Nachfrage nach lunischem Marmor ging zurück. Zudem schwemmte der Magra-Fluß an seiner Mündung so viel Material an, daß Luni zu verlanden begann. In den Sumpfgebieten breitete sich die Malaria aus, die Bevölkerung siedelte nach Sarzana um, und der einst glanzvolle Marmorhafen verwaiste. Bei Ausgrabungen, die 1837 begannen, kamen ein Forum, ein Theater, ein Amphitheater, ein Dianatempel und prächtige, mit Mosaiken und Fresken ausgeschmückte Villen wie die *Casa dei Mosaici* (mit farbigen Mosaiken des 3./4. Jhs. n. Chr.) und die *Casa degli Affreschi* ans Tageslicht. Für das *Museo Archeologico Nazionale* mit seiner Sammlung von Funden, die aus jüngeren Ausgrabungen stammen, hätte man vielleicht einen besseren Standort wählen können als das Zentrum der antiken Stadt. Statuen und Kaiserbüsten belegen das hohe künstlerische Niveau im antiken Hafen Luni, der heute zwei Kilometer vom Meer entfernt liegt. Außerdem gibt das Museum interessante Einblicke in die Marmorgewinnung und -verarbeitung zur Römerzeit (◔ tgl. 9–19 Uhr).

Das *Amphitheater* der Ruinenstadt, das 5000 Zuschauer fassen konnte, wird heute im Sommer wieder seiner ursprünglichen Funktion zugeführt und zum stimmungsvollen Schauplatz von Theater- und Ballettaufführungen.

🏠 **Il Cantinone,** Via Fiasella, ☎ 0187/627952. Traditionsreiche Küche im ehemaligen Weinkeller. Ⓢ

Mächtig, auf jeden Feind gefaßt erhebt sich die Festung Sarzanello über Sarzana

3

Seite **49**

Antiquitätenmarkt in Sarzana

Höchste Kultur der Römer in Luni

Route 4

Keramik, Kunst und Kammermusik

Varazze – Albisola Marina – Savona – (Millesimo –) Noli – Finale Ligure – *Verezzi – Toirano – *Albenga – Alassio – Laigueglia – *Cervo (ca. 100 km, ohne Ausflug ins Hinterland)

Die modernen Keramikkünstler von Albisola sind so fleißig und einfallsreich, daß sie die Strandpromenade mit ihren Werken gepflastert haben. Mittelalterliche Künstler haben Noli und die vieltürmige Stadt Albenga bereichert, die schöne Piazza von Verezzi wird im Sommer zur Theaterkulisse, der Kirchenvorplatz von Cervo zur Bühne internationaler Kammermusikkonzerte. Kultur wird groß geschrieben in den Dörfern und Städten dieser Route, die in den Höhlen von Toirano weit in die ligurische Vorgeschichte zurückführt. Ganz dem Zeitgeist hat sich die Provinzhauptstadt Savona verschrieben, in deren Hafen italienische Fiats und Lancias den Weg in die Welt antreten.

Zwei Tage sollte man für die kulturelle Reise einplanen; wer auch die Bergwelt erkunden will, muß noch einen Tag mehr rechnen.

Varazze wartet neben Segelschiffswerften und einem anderthalb Kilometer langen Sandstrand auch mit der Pfarrkirche *Sant'Ambrogio* auf, die auf dem Fundament eines romanisch-gotischen Vorgängerbaus errichtet wurde. Von diesem ist aber nur noch der Glockenturm erhalten. Den Innenraum schmücken das mehrteilige goldgrundige Altarbild „Der hl. Ambrosius mit Heiligen und musizierenden Engeln" des genuesischen Malers Giovanni Bar-

bagelata (um 1500) und ein Mariengemälde von Luca Cambiaso, einem ligurischen Künstler des 16. Jhs.

Moderne Künstler dagegen sind in **Albisola Marina** am Werk, das man über den Badeort Celle Ligure erreicht. Die Begeisterung für die Keramik geht hier so weit, daß sogar die parallel zur Via Aurelia verlaufende Uferpromenade *Lungomare degli Artisti* mit farbigen Fliesen gepflastert wurde. Den bunten Fliesenteppich haben zeitgenössische italienische Künstler wie Giuseppe Capogrossi, Roberto Crippa, Agenore Fabbri, Lucio Fontana und Aligi Sassu, der Däne Asger Jorn und der Kubaner Wifredo Lam gestaltet.

Man kann den Keramikern in Albisola bis heute beim Töpfern zuschauen, denn die Tradition ist seit dem 16. Jh. ungebrochen. Die Geschichte der Keramikindustrie, die ihren Höhepunkt im 17. und 18. Jh. erreichte, dokumentiert das *Museo del Centro Ligure per la Storia della Ceramica* in der Villa Faraggiana (◷ tgl. außer Di 15–19 Uhr). Keramiken stehen auch im Mittelpunkt des *Museo Manlio Trucco* in Albisola Superiore (tgl. außer So 10–12 Uhr). Im „oberen" Teil Albisolas bietet die *Villa Gavotti* – wie die *Villa Faraggiana* in Albisola Marina – einen aufschlußreichen Einblick in die noble ligurische Wohnkultur des 18. Jhs.

Wer von Albisola aus einen Abstecher zum 405 m hoch gelegenen Fremdenverkehrsort **Sassello** (23 km) machen möchte, um hier die typischen „Amaretti"-Mandelplätzchen zu kosten, kommt an dem an sich unscheinbaren Dorf **Stella** vorbei, das seit einigen Jahren einen Zustrom von „politischen" Pilgern zu verzeichnen hat: Es ist Geburtsort und Begräbnisstätte von Sandro Pertini (1896–1990), der, zu faschistischer Zeit verfolgt und inhaftiert, von 1978 bis 1985 das Amt des italienischen Staatspräsidenten bekleidete. Er hat sich beim Volk durch seinen un-

Seebad Alassio

konventionellen Stil und seine offene Kritik an Mißverwaltung beliebt gemacht und lebt bis heute als Beispiel moralisch-politischer Redlichkeit fort.

❶ IAT, Via dell'Oratorio 2, ☎ 019/481648, 🖷 827805.

🏨 **Park Hotel** in Albisola Capo, Via Alba Docilia 3, ☎ 019/481784. Klein, aber fein (nur 11 Zimmer) ist dieses 3-Sterne-Haus. Ⓢ

🍴 **Gianni ai Pescatori,** Corso Bigliati 82, ☎ 019/481200. Ligurische Fischgerichte, toskanische Weine und stilvolles Ambiente. Ⓢ⑂
La Familiare, Piazza del Popolo 8, ☎ 019/489480. Der Name ist Programm mit unverfälschter ligurischer Küche. Ⓢ

4

Seite **63**

Wäre **Savona** nicht schon seit über 2000 Jahren eine bedeutende Hafenstadt gewesen, hätte man sie in unserem Jahrhundert erfinden müssen: Woche für Woche nehmen fabrikneue Fiat- und Lancia-Autos, die in der piemontesischen Hauptstadt Turin hergestellt werden, von Savonas Hafen aus ihren Weg in alle Welt.

Die Geschichte der Stadt, die heute 67 000 Einwohner hat, ist auf das engste mit dem nahen, sehr viel kleineren *Vado Ligure* verbunden: Wie auf einer Wippe erlebte der eine Ort einen Niedergang, wenn der Nachbarort einen politisch-wirtschaftlichen Aufschwung verzeichnen konnte. Zur Zeit der Punischen Kriege war Savona als eine Verbündete Hannibals „in", unter den Römern war es Vado, im Frühmittelalter zuerst Savona und dann wieder Vado, bis der italienische König Berengar II. Savona im 10. Jh. zur Hauptstadt eines Teils der Mark Ivrea erhob und Vado von diesem Zeitpunkt an für immer im Schatten der Nachbarin fortlebte.

Doch auch Savona selbst waren nicht immer goldene Zeiten beschieden: Im frühen 16. Jh. wurde der Hafen von den konkurrenzfürchtenden Genuesen zugeschüttet, und im Zweiten Weltkrieg erlitt die Stadt allerschwerste Bomben-

schäden. Wer sich für zeitgenössische Architektur interessiert, der schaut sich im westlichen Stadtteil den *Hauptbahnhof* (1960) und den *Palazzo della Provincia* (1964) an, beides Werke des namhaften italienischen Baumeisters Pier Luigi Nervi (1891–1979). Ansonsten genügt ein Gang durch die Altstadt am Hafen, um ein Bild vom historischen Savona zu bekommen.

Aus dem Mittelalter sind am alten Hafen noch drei Türme erhalten, darunter die *Torre di Leon Pancaldo,* die den Namen des savonesischen Seefahrers trägt, der Magellan bei seiner 1521 begonnenen Weltumsegelung begleitete. Im 15. Jh. bereicherten die Della Rovere, mit Sixtus IV. und Julius II. auf den Papstthron und zu Macht gelangt, ihre Heimatstadt: Sixtus IV. ließ an den Domkreuzgang als Grabstatt seiner Eltern die *Sixtinische Kapelle* anbauen, die im Settecento ihren heutigen Rokokoglanz bekam. 1495 beauftragte Giuliano della Rovere, der spätere Papst Julius II., den toskanischen Architekten Giuliano da Sangallo mit dem Bau des *Palazzo della Rovere* (Innenräume nicht zu besichtigen). Rund hundert Jahre später entstand der *Dom:* Die Genuesen, die Savona im Jahr 1528 erobert hatten, ließen das ganze Viertel jedoch samt Dom und Bischofspalast niederwalzen, um an seiner Stelle die mächtige *Zwingfeste Priamar* zu errichten, die den neuen Untertanen die Lust zu Aufstand und Rebellion nehmen sollte.

Der *Dom* wurde an anderer Stelle neu aufgebaut. In seinem Innenraum und im anschließenden *Museo del Tesoro della Cattedrale,* das den Domschatz bewahrt, findet man schönes holzgeschnitztes Chorgestühl (Anf. 16. Jh.), wertvolle Gold- und Silberarbeiten und Werke der Renaissancekünstler Ludovico Brea, Luca Cambiaso und Albertino Piazza (☼ nach Vereinbarung). Die nahe Rokokokapelle *Nostra Signora di Castello* bewahrt ein mehrteiliges Altarbild von Vincenzo Foppa und Ludovico Brea. Keramikinteressierte finden eine umfangreiche Sammlung mit

Werken vom 16. bis zum 19. Jh. in der
Pinacoteca Civica, die auch zwei ein-
drucksvolle spätmittelalterliche „Kreu-
zigungen" aus dem 15. Jh. präsentiert
(☉ Mo-Sa 8.30-12.30 Uhr).

Um die Atmosphäre Savonas zu erfas-
sen, sollte man durch die Hauptgeschäftsstraße *Via Paleocapa* und ihre
mittelalterlichen Seitengassen schlendern sowie zur *Festung Priamar* aufsteigen, einem Brennspiegel der Stadt-
geschichte: Sabater, Römer, Byzantiner
und Langobarden haben auf diesem
Hügel am Meer Befestigungsanlagen
errichtet, mit denen sich die Savoner
siegreich gegen Sarazenen, Franzosen
und Mailänder verteidigten. Weniger
erfolgreich kämpften sie gegen die Genuesen, die 1542/43 die heutige, mächtige Festung anlegten. Das *Museo Archeologico* zeigt neben einer eindrucksvollen Nekropole auch römische Bodenmosaiken (3.-4. Jh.) aus Nordafrika
(☉ Di-Sa 10-12.30 und 15-18, So
15-18 Uhr), das *Museo Sandro Pertini*
stellt Zeichnungen und Skizzen zeitge-
nössischer italienischer Künstler aus.
Und wenn man Kunst und Geschichte
für einen Moment vergessen will, sollte man es den Einheimischen nachtun
und sich am frühen Morgen zum *Mercato Coperto* in Hafennähe aufmachen
und sich dort eine Kuttelsuppe, die
„Trippe in brodo", schmecken lassen,
die hier als „Seemannsfrühstück" beliebt und entsprechend kräftig und
kräftigend ist.

❶ IAT, Via Paleocapa 23/6,
☎ 019/820522, 🖷 827805.

🏨 **Mare,** Via Nizza 89,
☎ 019/264065, 🖷 263277. Modern,
elegant und direkt am Meer. Ⓢ⟩⟩

🏨 **Osteria Bacco,** Via Guarda
Superiore 17r, ☎ 019/8335350.
Charakteristisches Lokal am Hafen,
vorzügliche ligurische Küche, sehr an-
gemessene Preise. Ⓢ⟩
Antica Osteria Bosco delle Ninfe,
Via Ranco 10, ☎ 019/823976.
Ein Lokal mit traditionellen Gerichten
in aussichtsreicher Lage . Ⓢ⟩

*Mediterrane Seepromenade
in Albisola Marina*

4

Seite
63

*Ein mittelalterlicher Festungsturm
wacht über den Hafen von Savona*

*Gewölbe geben den Takt
in der Festung Priamar an*

Vino e farinata, Via Pia 15r. Eine vielbesuchte Weinschenke im Herzen der Altstadt, wo auch typische ligurische Gerichte serviert werden. $

„Murano-Glas" ist ein internationaler Begriff – aber wer kennt schon „Altare-Glas"? Dabei kann die Glaserzeugung in **Altare,** einem Dorf im Hinterland von Savona (15 km), vielleicht sogar auf eine längere Tradition zurückblicken als die venezianische Laguneninsel. Die Glasindustrie in Altare dürfte schon im 11. Jh. von flämischen Meistern eingeführt worden sein, hat aber nie den Ruf der venezianischen Konkurrenz-Glasbläsereien erreicht. Neben großen Betrieben für Preß- und Flaschenglas gibt es heute noch kleine Werkstätten, in denen das Glas mundgeblasen wird (*Soffieria artistica Bormioli,* Via Paeologo 16). Das *Museo del Vetro* zeigt Geräte und Arbeiten der heimischen Glasproduktion, darunter eine um 1900 geblasene, 130 cm hohe und 30 kg schwere, riesige Flasche (◷ Mo–Sa 15–18 Uhr). Über Ferrania (aus so einem entlegenen Dorf kommt das bis heute beliebte Ferrania-Fotomaterial) gelangt man nach weiteren 15 km in das Dorf **Millesimo.** Es wird von der Ruine einer der im ligurischen Hinterland häufigen Carretto-Burgen überragt, bietet seinen Bewohnern mit einem laubengesäumten, mittelalterlich anmutenden Hauptplatz einen romantischen Treffpunkt und wartet mit der ursprünglich romanischen Kirche *Santa Maria extra Muros* mit Freskenfragmenten des 15. Jhs. auf.

Zur Rückkehr an die Küste empfiehlt sich die Autobahn Turin-Savona, die mit einer sehr malerischen Trasse nach **Vado Ligure** führt. Außer Industrieanlagen besitzt dieser Hafen für Erdölprodukte ein *Museo Civico* mit römischen und mittelalterlichen Funden sowie Werken des zeitgenössischen Bildhauers Arturo Martini (1889–1947) (◷ Mo, Do und Sa 9.45–12.45 Uhr, Di, Mi, Do und Fr 15–18.30 Uhr). Über *Bergeggi* mit seiner gleichnamigen Insel, auf der ein leider unzugängliches

Naturreservat eingerichtet wurde, und den sehr verbauten Badeort *Spotorno* mit seinem mittelalterlichen Kastell geht es weiter nach

Noli. Politik wurde in diesem Städtchen, das auch ein vielbesuchtes Seebad ist, einst auf hohem, internationalem Niveau betrieben. Nachdem Noli sich mit seinen Galeeren im ersten Kreuzzug von 1097 Einfluß und Reichtum verschafft hatte, wurde es im 12. Jh. als selbständige Seerepublik ausgerufen. In der Folgezeit kämpfte Noli an der Seite Genuas gegen Venedig und gegen Pisa, und erst nach 600 Jahren verlor die nolesische Republik – im übrigen die kleinste innerhalb der italienischen Grenzen – zu napoleonischer Zeit ihre Unabhängigkeit (1797).

Die *Loggia della Repubblica* erinnert mit ihrem Namen noch an die großen Zeiten Nolis, die auch am zweiten Septembersonntag beim historischen Umzug und der Bootsregatta „Regata storica dei rioni" wieder aufleben.

Mehr als andere ligurische Küstenorte hat Noli sich sein mittelalterliches Flair erhalten. Da ist die kulissenhafte Burgruine (12. Jh.), deren Mauern sich vom Hügel bis zur Stadtmauer herabziehen, da sind die malerischen Gassen mit den Strebebögen von Haus zu Haus und die fünf rostbraunen Wohntürme des 13. und 14. Jhs. An die 70 solcher Wohntürme soll Noli im 13. Jh. besessen haben, denn jeder Reeder und Kapitän hatte das Recht, innerhalb der Stadtmauern einen mindestens 50 m hohen Turm zu errichten: zur Verteidigung der winzigen, von der offiziellen Geschichtsschreibung vergessenen Stadtrepublik und als symbolhaftes Machtzeichen seiner Familie.

Die Kirche *San Paragorio* ist einer der bedeutendsten romanischen Sakralbauten in Ligurien. Sie wurde um die Mitte des 11. Jhs. auf den Grundmauern eines frühchristlichen Vorgängerbaus errichtet. Aus dieser Zeit stammen noch die Steinsarkophage an der Nordseite der Kirche. Die Fassade ist mit

Seite 63

Lisenen und Bogenfriesen in roma-
nisch-lombardischem Stil geschmückt,
der dreischiffige Innenraum mit den
drei unregelmäßigen, dem Meer zugewandten Apsiden birgt ein romanisches Lesepult, einen hölzernen Bi-
schofsthron (12. Jh.), Freskenreste
(15. Jh.) und ein hölzernes Kruzifix des
12. Jhs., das seltsamerweise einen tuni-
kabekleideten Christus darstellt.

Einen kurzen Besuch ist auch die Kathedrale *San Pietro* (13. und 16. Jh.)
wert, deren mittelalterliche Baustruktur
trotz des frühbarocken Umbaus noch
zu erkennen ist. Außerhalb des östlichen, gotischen Stadttors erhebt sich
die zitronengelbe, mit weißen Roko-
kostuckornamenten verzierte Kirche
Nostra Signora delle Grazie aus dem
18. Jh. Von ihrem Vorplatz hat man,
besonders gegen Abend, einen faszinierenden Blick auf Noli und seine
Bucht. Über Kunst und Geschichte sollte man hier aber den Alltag nicht vergessen. Mehr als andere Rivieraorte hat
Noli sich den Charakter eines Fischerdorfes erhalten. Man kann hier noch
den Fischern zuschauen, wenn sie lange Netze an den Strand ziehen, und als
kulinarisches Souvenir für zuhause
sind die in Salzlake eingelegten Sardinen zu empfehlen.

❶ IAT, Corso Italia 8, ☎ 019/748931.

Ⓗ **El Sito,** Via La Malfa,
☎ 019/748107, 🖷 7485871. Aussichtsreiche Lage, guter Service. Ⓢ

Ⓡ **Lilliput,** Fraz. Voze, Via Zuglieno 49,
☎ 019/748009. Klassische ligurische
Küche, mit Meeresblick. Ⓢ

Über die Via Aurelia gelangt man
zunächst nach Varigotti mit seinen
farbigen Häusern und schließlich nach
Finale Ligure.

Finale Pia, Finale Marina und Finalborgo sind die drei Ortschaften, aus denen sich das Städtchen Finale Ligure
zusammensetzt. Finale Marina, in vergangenen Zeiten ein bedeutender Handelsort, ist heute ein modernes, gut
ausgestattetes Seebad mit schönem

Sandstrand und gepflegter Palmenpro-
menade. Auf der Piazza Vittorio Emanuele II. erinnert ein imposanter Tri-
umphbogen an den Durchzug der
spanisch-habsburgischen Thronfolge-
rin Margherita im Jahr 1666, die sich
sich zur Vermählung mit dem öster-
reichisch-habsburgischen Kaiser Leo-
pold I. nach Wien begab. Die barocke
Kirche *San Giovanni Battista,* die über
den Resten einer frühchristlichen Basi-
lika des 5.–8. Jhs. steht, ist von Häusern
und eleganten Stadtpalästen des 16. bis
18. Jhs. umgeben. Finale Pia ist im
Mittelalter um die Kirche *Santa Maria
di Pia* entstanden, hinter deren Roko-
kofassade sich ein barocker Innenraum
auftut, während nur der Glockenturm
noch die ursprüngliche, romanisch-gotische Gestalt des 13. bis 14. Jhs. behielt. Die benachbarte Abtei wurde im
16. Jh. von benediktinischen Oliveta-
nermönchen gegründet, die aus ihrer
toskanischen Heimat Keramikkünstler
mitbrachten (Arbeiten im Della-Rob-
bia-Stil).

Die Schönste im ganzen (Finale-)Lande
ist **Finalborgo.** Da es etwas landein-
wärts liegt, sind ihm verschandelnde
Touristikbauten erspart geblieben. So
präsentiert sich der Ort als (fast) in-
taktes Städtchen des 15. Jhs., das einer
der Carretto-Markgrafen neu gründete,
nachdem eine ältere Ortschaft bei kriegerischen Auseinandersetzungen zwischen Genua und eben den Del Carret-
to zerstört worden war.

Malerische Winkel und Plätze gibt es
hier in Hülle und Fülle, in noblen Häusern mit Stuckornamenten tun sich
Stehbars und Gemüseläden auf. Vergangenheit und Gegenwart gehen hier
Hand in Hand – daher kommt keine
museale, sondern eine äußerst lebendige Atmosphäre auf. Bevor man sich in
einem der Restaurants zu einer „Pasta
mit Pesto", dem typischen Nudelgericht
mit Basilikumsoße niederläßt, das in
Finalborgo – berühmt für sein Basilikum – ein Muß ist, sollte man noch der
Pfarrkirche *San Biagio* etwas Aufmerksamkeit schenken. Ihr spätgotischer,

einem Turm der Ringmauer aufgesetzter Glockenturm gilt als Wahrzeichen des Städtchens, und im heute barocken Innenraum finden sich erlesene Marmorwerke des 18. Jhs. Ein Spaziergang von 15 Min. führt zum *Castel Gavone,* einem eindrucksvollen Ruinenkomplex, der von einer mächtigen Festung des 15. Jhs. übriggeblieben ist. Sehr fotogen erhebt sich die ganz mit hellen Diamantquadern verkleidete *Torre dei Diamanti,* die im Inneren noch Freskenreste aufweist.

Ganz und gar unerläßlich ist in Finalborgo auch ein Besuch des *Museo Civico del Finale,* das in einem Kreuzgang des ehemaligen Klosters *Santa Caterina* untergebracht ist. Die Sammlung informiert mit römischen und mittelalterlichen Exponaten über die Geschichte des Finalese sowie mit alt- und neusteinzeitlichen sowie eisenzeitlichen Fundstücken aus den umliegenden Höhlen die sehr viel reicher dokumen-

Dicht an das alte Kastell schieben sich in Noli die Neubauten

4

Seite 63

Beigua-Naturpark

Naturfreunde sollten es nicht versäumen, von Varazze aus einen Abstecher auf den 1287 m hohen *Monte Beigua (20 km)* zu machen. Die Fahrt lohnt schon allein wegen des prächtigen Gipfelpanoramas, das an klaren Tagen vom Monte Rosa im Norden bis nach Korsika im Süden reicht. Das Bergmassiv, das unter Naturschutz steht und einen der 13 regionalen Naturparks bildet, ist in der Luftlinie nur fünf bis sechs Kilometer vom Meer entfernt; Klima und Pflanzenwelt weisen deshalb heftige Kontraste auf: Kahle, steile, der Sonne ausgesetzte Südwände mit Mittelmeerklima stehen hier den sanfteren, waldigen Nordhängen gegenüber, deren Vegetation vom kontinentalen Klima bestimmt wird. Daß die Südwände so nackt und öde sind, ist aber nicht nur klimatischen Faktoren zuzuschreiben. Vom Mittelalter an sind die Wälder auf dieser Hangseite für die Industriebetriebe an der Küste wie Werften, Glasfabriken, Eisenhüttenwerke und Ziegelbrennereien bedenkenlos ausgebeutet worden; häufige Waldbrände setzen noch heute den trockenen Kiefernwäldern stark zu. Darüberhinaus mögen viele Pflanzen nicht das Magnesium, das der dunkelgrüne Serpentin des Berges im Laufe der Jahrhunderte angereichert hat. Große Beliebtheit genoß der Monte Beigua dagegen bei den mittelalterlichen Baumeistern, die für die charakteristischen „Zebrafassaden" vieler ligurischer Kirchen und Palazzi gern auf dieses Gestein zurückgriffen. Und lange vor ihnen haben ligurische Hirtenkünstler auf den vegetationsarmen Serpentinwänden des Monte Beigua einzigartige ** *Felszeichnungen* hinterlassen, denen die Wissenschaftler ein Alter von mindestens 5000 bis 6000 Jahren zuschreiben.

tierte Vorgeschichte dieser Gegend (🕐 Di–Sa 10–12 und 15–18 Uhr im Sommer, 9–12 und 14.30–16.30 Uhr Okt.-Mai, ganzjährig So 9–12 Uhr).

Geschichtsunterricht vor Ort bekommt man bei einer kurzen Fahrt von Finale Pia aus in die *Val Ponci,* wo fünf römische Brücken aus dem 2. Jh. (drei sind noch erstaunlich gut erhalten) von den Bemühungen der Römer zeugen, auch in der „Provinz" ein gutes Straßennetz anzulegen: Hier verlief die *Via Julia Augusta,* die 13 n. Chr. gebaut, im 2. Jh. von Kaiser Hadrian restauriert und bei dieser Gelegenheit mit den resistenten Brückenbauten versehen wurde.

Wer gut zu Fuß ist, wandert von hier aus auf das *Altopiano delle Manie,* ein pflanzen- und tierreiches Kalkhochplateau. Die Landschaft prägen Karsterscheinungen wie Risse, Dolinen sowie Grotten und Höhlen. In der *Caverna delle Fate* und der *Arma delle Manie* haben die ligurischen Ureinwohner schon vor 300 000 Jahren Zuflucht gesucht und sich von der Jagd auf den damals häufigen Höhlenbären erholt. Auf der Steinplatte des *Ciappo del Sale* sind noch Felszeichnungen ungewissen Datums zu erkennen, die symbolhafte Figuren, Kreuze und abstrakte menschliche Gestalten darstellen. Die Römer nutzten dieses Gebiet als Steinbruch.

❶ IAT Finale Ligure,
Via San Pietro 14, ☎ 019/692531.

Ⓗ **Punta Est,** Via Aurelia 1,
☎ 019/600611, 🖨 600611. Komfort in einer Villa des 18. Jhs. steil über dem Meer. (💲))))

Ⓡ **Osteria del Tempo Perso,** Gorra, Via Provinciale 7, ☎ 019/696093. Romantisches Ambiente im Hinterland mit traditioneller ligurischer Küche. (💲)
Torchi in Finalborgo, Via dell'Annunziata, ☎ 019/690531. Eleganz und gekonnte Gastronomie in einer ehemaligen Ölmühle des 16. Jhs. (💲)

Veranstaltung: *Festa del marchesato* mit Pferderennen und historischem Umzug (Juli).

Auch im Gebiet von **Borgio Verezzi** gibt es zahlreiche Höhlen, von denen die stalaktitenreiche Tropfsteinhöhle *Grotta Valdemino* am einfachsten zugänglich ist (🕐 tgl. außer Di 9–12 und 15 bis 18 Uhr, Okt.–April 9–11.30 und 14.30–17.30 Uhr). Aber den Hauptreiz dieses Doppelortes – Borgio liegt am Meer, Verezzi am Hügelhang – machen andere Sehenswürdigkeiten aus. **Borgio** besitzt eine Pfarrkirche *San Pietro* mit einer klassizistischen Fassade von bühnenbildhafter Wirkung und die Friedhofskirche *Santo Stefano* mit romanisch-gotischen Bauelementen. Im nur 200 m höher gelegenen

✱ **Verezzi** fühlt man sich in eine andere Welt versetzt. Die vier winzigen Orte Poggio, Piazza, Roccaro und Crosa, aus denen Verezzi besteht, wirken mit ihren kubischen, zusammengedrängten Häusern wie ein Stück Arabien auf ligurischem Boden, das an mittelalterliche Sarazenendörfer erinnert. Piazza, der größte der vier Orte, hat eine einzigartig stille *Piazza Sant'Agostino,* die im Sommer (Mitte Juli bis Anfang August) zur stimmungsvollen Kulisse erstklassiger Theateraufführungen wird. Ein Schauspiel der Natur sind die spärlich begrünten, von Trockenmauerterrassen durchsetzten Hänge mit ihren Öl- und Mandelbäumen, Weinreben und Johannisbrotbäumen, auf die man von der Piazza blickt. Abends eröffnet sich hier ein Lichterspektakel der Küstenorte am Meer.

Ⓡ **Da Caxetta** in Borgio,
Piazza San Pietro, ☎ 019/610106. Unverfälschte ligurische Küche unter alten Gewölben. (💲)
Antica Osteria Saracena del Bergallo in Verezzi, Via Roma 17,
☎ 019/610487. Einheimische Spezialitäten, angereichert mit prachtvollem Ausblick. (💲)

Veranstaltung: *Festival Teatrale* mit Theateraufführungen in Verezzi (Juli–Aug.).

Pietra Ligure und Loano sind modern und verbaut, wie es bei einem Seebad an der schmalen ligurischen Küste kaum zu vermeiden ist. Doch in ihren ältesten Stadtteilen sieht es noch malerisch und altertümlich aus. Über **Pietra Ligure** (❶ IAT, Piazza Martiri della Libertà 31, ☏ 019/625222) ragt eine ursprünglich mittelalterliche, später umgebaute Burg auf, in **Loano** (❶ IAT, Corso Europa 19, ☏ 019/675426) ist das *Castello* ein prächtiger, parkumgebener Palast, den Giovanni Andrea Doria um die Wende vom 16. zum 17. Jh. erichten ließ. Die Doria, von 1477 bis 1737 fast ununterbrochen Herren im Ort, erbauten im frühen 17. Jh. auch den *Convento di Monte Carmelo,* in dem sie sich bis 1793 begraben ließen. Der viertelstündige Aufstieg zu diesem schön gelegenen Karmeliterkloster lohnt allein schon wegen der prachtvollen Aussicht auf Ebene und Meer.

Vom recht anonym wirkenden Badeort *Borghetto Santo Spirito* ist eine Fahrt nach **Toirano** (3 km) ein Muß. Mehrere mittelalterliche Bauten und Palazzi mit noblen Schieferportalen machen das Dorf sehenswert. Seinen Ruhm aber verdankt es den nahen *Tropfsteinhöhlen.* Im *Museo Preistorico della Val Varatella* sind neben Tierfossilien vor allem vorgeschichtliche Geräte und Keramiken zu sehen, die in den umliegenden Höhlen ans Tageslicht gekommen sind. Faszinierender ist aber die Besichtigung der Höhlen selbst: In der *Grotta della Bàsura,* der „Hexengrotte", sind die Fußabdrücke des Cromagnonmenschen entdeckt worden, der hier vor 15 000 Jahren gelebt und mit dem gigantischen Höhlenbären gekämpft hat. Kalkspatkristalle und zarte, weiße Eisenblüten aus Aragonit zaubern in der benachbarten *Grotta di Santa Lucia* eine unterirdische Märchenwelt (☾ Museum und Höhlen: tgl. 9–12 und 14–17 Uhr).

Das nahe Dorf *Balestrino* ist mit seinen mittelalterlichen Häusern, die in den Abgrund abzurutschen drohen und daher von ihren Bewohnern verlassen worden sind, ein symptomatisches Beispiel der Landflucht aus dem liguri-

Seite 63

Durch die Porta Testa gelangt man in die Stadtidylle von Finalborgo

In der Hexengrotte fand man Fußspuren von vor 15 000 Jahren

schen Hinterland: Steile, erodierte Hänge machen das Leben hier oft beschwerlich, wenn nicht gar unmöglich.

Unerwartet weit dehnt sich an der ansonsten platzarmen Rivieraküste die Ebene um *Albenga aus, fruchtbares Schwemmland, auf dem Frühgemüse angebaut wird. Doch seinen Ruf verdankt Albenga gewiß nicht dem Obst- und Gemüsereichtum. Mit dem frühchristlichen **Baptisterium, dem romanisch-gotischen Dom, den ebenfalls aus Backstein errichteten, hohen Geschlechtertürmen und mehreren alten Palästen scheint das Städtchen einem Musterbuch mittelalterlicher Baukunst entsprungen zu sein.

Zum **Baptisterium führen heute mehrere Stufen hinab, da es infolge der zahllosen Überschwemmungen, die Albenga im Laufe der Jahrhunderte heimgesucht haben, etwa zwei Meter unter dem heutigen Straßenniveau liegt. Der außen zehneckige, aber innen achteckige Bau geht aufs 5. Jh. zurück. In der Mitte der feierlichen Kapelle erhebt sich ein unvollständig erhaltenes Taufbecken. Zwölf Tauben umgeben das Monogramm Christi in dem kostbaren byzantinischen Mosaik aus der Zeit um 500, das die zentrale Nische gegenüber dem Eingang schmückt. Die Blumenornamente und Flechtbänder, die das Arkosolgrab rechter Hand des Eingangs zieren, sind eine langobardische Arbeit des 8. Jhs.

Zu gleicher Zeit mit dem Baptisterium wurde der Dom *San Michele* errichtet, der seine heutige Gestalt aber im 13. Jh. bekam, als er zum zweiten Mal wiederaufgebaut wurde. Drei Renaissancelöwen wachen über die *Piazzetta dei Leoni* hinter der Domapsis, die uns um Jahrhunderte zurückversetzt.

Albenga wurde von den vorrömischen Ingauern als „Albium Ingaunum" gegründet, dann aber 181 v. Chr. von den Römern erobert, die sich den Weg nach Spanien sichern mußten. Aus der Römerzeit hat die Altstadt zwar nur die schachbrettartige Anlage und den

rechtwinkligen Verlauf der Straßen übernommen, doch bedeutungsvolle Zeugen der römischen Antike sind in Albengas Museen zu finden.

Das *Civico Museo Ingauno,* das seinen Sitz im Palazzo Vecchio del Comune (14. Jh.) hat, birgt römische Inschriften und Skulpturen (☉ tgl. außer Mo 10–12 und 15–18 Uhr). Originelle Funde zeigt das *Museo Navale Romano.* Die Sammlung umfaßt einen Teil der aus etwa 10 000 Weinamphoren bestehenden Ladung eines römischen Frachtschiffes, das Ende des 1. Jhs. v. Chr. vor Albenga gesunken ist. Ein Abenteuer für sich war die Bergung dieser Fracht: Bereits 1925 gingen einem Fischer mehrere Amphoren ins Netz; aber erst 1950 wurde die Ladung, die 40 m tief auf dem Meeresgrund ruhte, ans Ufer gebracht, während das Schiff selbst bis heute noch nicht geborgen werden konnte (☉ tgl. außer Mo 10–12 und 15–18 Uhr).

Der vielbogige, unter den Römern angelegte *Pontelungo,* der einst die Centa überspannte, wurde dem Verfall überlassen, als sich der Fluß ein neues Bett grub. Nichtsdestotrotz hat die Brücke, die zur Via Aurelia gehörte, die Jahrhunderte überdauert.

❶ Pro Loco di Albenga, Viale Martiri della Libertà 17, ☎ 0182/559058.

Einkaufstip: *Antico frantoio Sommariva,* Via Mameli 7. Vorzügliches Olivenöl „extra vergine" aus einer traditionsreichen Ölmühle in der Altstadt.

⚠ Caravan- und Camper-Reisende finden in Albenga und seiner unmittelbaren Umgebung 22 Campingplätze, sei es am Meer, in den Bergen oder in kleinen mittelalterlichen Orten.

Ganz dem Tourismus hat sich **Alassio** verschrieben. Statt auf alte Baudenkmäler und Kunstwerke wie Albenga setzt dieses berühmte Seebad mehr auf sein mildes Klima, das schon im vorigen Jahrhundert die ersten englischen Touristen angezogen hat, auf seinen langen, feinen Sandstrand und auf Unterhaltung. In dem bunten Gewimmel der Stadt scheint denn auch die Kirche *Sant'Ambrogio* mit ihrem schönen Renaissanceportal unterzugehen. Ihr barockes Inneres ist mit Werken genuesischer Maler des 16./17. Jhs. geschmückt.

Hauptattraktion ist der *Muretto* (Ecke Corso Dante/Via Cavour), das „Mäuerchen", auf dessen farbigen Keramikacheln sich Film-, Musik-, Literatur-, Show- und Sportstars wie Vittorio de Sica, Beniamino Gigli und Helmut Zacharias, Ernest Hemingway und Giuseppe Guareschi, Dario Fo und Louis Armstrong, Fausto Coppi und Sandro Mazzola verewigt haben. Abends pulsiert in Alassio im *budello,* dem „Schlauch" der Hauptgeschäftsstraße Via XX Settembre das Leben. Cafés, Discos und Restaurants sorgen hier bis spät in die Nacht für Unterhaltung.

Vor Alassio und Albenga liegt die *Isola Gallinara,* die wegen ihres Reichtums an seltenen, auch endemischen Pflanzen, heute zum Naturpark erklärt wurde und daher unzugänglich ist (s. S. 10).

❶ IAT, Viale Gibb 26,
☎ 0182/640346.

🏨 **Firenze,** Corso Dante 35,
☎ 0182/643239, 📠 643146.
Moderner Komfort in einer alten Villa am Meer. Ⓢ

🏨 **Palma,** Via Cavour 5,
☎ 0182/640314. Die nahe Provence beeinflußt die Einrichtung und die auserlesene Küche. Ⓢ⟩
La Vigna im Ortsteil Solva, Via Lepanto Solva 1,
☎ 0182/643301. Schöne Lage, rustikal-elegantes Ambiente, traditionelle Gerichte. Ⓢ

Fast mit Alassio verwachsen ist das stillere **Laigueglia,** das sich noch Aussehen und Atmosphäre eines ligurischen Fischerdorfes erhalten hat. Naiv-verspielt wirken die majolikaverkleideten Turm-

Den Löwen gewidmet:
die Piazza dei Leoni in Albenga

Ladung eines versunkenen Frachtschiffes: römische Amphoren

Der Pier von Alassio, dem Vergnügungsparadies

4

Seite **63**

kuppeln der barocken Pfarrkirche *San Matteo* (18. Jh.). Mit dem Auto oder zu Fuß gelangt man von Laigueglia zu der *Colla Micheri*. Thor Heyerdahl, der norwegische Zoologe und Volkskundler, hat sich 1958 in das stark verwahrloste, winzige Hügeldorf verliebt, es erworben, vorbildlich restauriert und zu seinem Wohnsitz gewählt.

* **Cervo** liegt gleich einem ligurischen Bilderbuchdorf hoch über dem Meer. Das Kammermusikfestival, das hier vor über 30 Jahren vom ungarischen Geiger Sandor Vegh ins Leben gerufen worden ist, hätte keine schönere Bühne finden können als den Vorplatz der barocken Kirche * *San Giovanni Battista*. Musiker und Publikum drängen sich auf dem kleinen, unebenen Platz, der von der gewölbten, pastellfarbenen Kirchenfassade mit verschnörkelten Stuckornamenten beherrscht wird. Ringsum drängen sich die kräftigfarbenen Häuser mit Terrassen und Aufgängen voller duftender Kräuter, und im Hintergrund erstreckt sich das Meer. Vom Meer ist das Geld zum Bau dieser prächtigen, ortsbeherrschenden Kirche gekommen: Die Bewohner von Cervo waren im 17. Jh. als Korallenfischer zu sichtbarem Wohlstand gelangt, und so stifteten sie diese Kirche, die mit ihrem stuck- und marmorreichen Inneren eine Hymne auf den Reichtum singt.

Schmale, strenge Gassen, durch die viele Monate im Jahr der Wind pfeift, führen von der Kirche zum *Castello*. In diesem imposanten Burgenbau des Mittelalters hat das *Museo Etnografico del Ponente Ligure* seinen Sitz, eine umfangreiche volkskundliche Sammlung, die das Leben der Seemänner und Bauern von Cervo dokumentiert (☉ Mo bis Fr 9–13 und 16–20 Uhr, Sa, So 9–13 und 16–18 Uhr). Ein Stück Vergangenheit und gutes Olivenöl findet man auch im *Museo dell'Olivo „U Gumbu"*.

❶ IAT, Piazza Castello 1,
☎ 0183/18010

Veranstaltung: internationales Kammermusikfestival (Juli-Aug.)

Route 5

Von Oliven, Öl und Nudeln

Imperia – Pontedassio – Pieve di Teco – Triora – ** Taggia – * Bussana Vecchia (ca. 100 km)

Feinschmecker sind mit dieser Route gut beraten. Die kulinarische Fahrt beginnt beim Olivenmuseum in Oneglia und führt über das Spaghettimuseum in Pontedassio nach Pieve di Teco, wo die mittelalterlichen Salztransporteure unter Lauben Rast und Einkehr fanden. Triora ist nicht nur für seine Hexenprozesse aus dem Jahr 1587 berüchtigt, sondern auch für sein spätsommerliches „Schneckenfest" berühmt. Und nicht zuletzt kommen die Kunstfreunde auf ihre Kosten: Die Pfarrkirche in Triora und das Dominikanerkloster in Taggia sind mit wertvollen Werken alter Meister ausgeschmückt. Moderne Maler, Bildhauer und Keramiker aus aller Welt sind in das Ruinendorf Bussana Vecchia eingezogen und haben es in eine lebendige Künstlerkolonie verwandelt.

Die kurvenreichen, schmalen Straßen im ligurischen Hinterland, besonders zwischen Pieve di Teco und Triora, fordern dem Autofahrer Können und Geduld ab. Deshalb sollte man zwei Tage für die Route einplanen.

Imperia ist keine gewachsene Stadt, sondern eine Zusammenlegung zweier Orte. Westlich der Impero-Mündung liegt auf einem Hügel das mittelalterliche *Porto Maurizio*, doch das Schwungrad der städtischen Wirtschaft ist das modernere *Oneglia* im Osten. Im Jahr 1923 wurden die beiden Nachbarstädte zusammengeschlossen, nachdem sie sich jahrhundertelang feindselig gegenübergestanden hatten: Porto Maurizio zeigte sich als treue Verbündete Genuas, Oneglia dagegen war als Seehafen des savoyischen Staates bedeutsam. Um nicht den Unmut eines der beiden Orte heraufzubeschwören, wurden das Rathaus und das Postamt auf halbem Wege zwischen den beiden Ortschaften angesiedelt, gewissermaßen auf neutralem Gebiet. Ihren Namen bekam die neue Stadt nach dem Impero-Bach, der sie bis dahin getrennt hatte.

Die Bewohner von **Porto Maurizio** glaubten sicher an ein kommendes Wirtschaftswunder, als sie im späten 18. Jh. mit dem Bau des mächtigen Doms *San Maurizio* begannen. Doch die Wirren der napoleonischen Zeit machten diese Zukunftsträume zunichte; Porto Maurizio kam kaum über den Hügel hinaus, auf dem es sich bis heute malerisch zusammendrängt, und der klassizistische Dom San Maurizio wirkt übermäßig groß und pompös.

Barocke Prachtentfaltung auf Erden: San Giovanni Battista in Cervo

Der 1781 projektierte Bau wurde erst 1838 abgeschlossen – die übergroße Kuppel war eingestürzt und durch eine kleinere ersetzt worden. Im Innenraum beindrucken die Gemälde von Gregorio De Ferrari und Domenico Piola, zwei angesehenen ligurischen Künstlern des frühen 18. Jhs., die den Weg vom strengen, schweren Barock römischer Prägung zum lockeren, heiteren Rokoko ebneten.

Das *Museo Navale Internazionale del Ponente Ligure,* das zusammen mit der *Pinacoteca Civica* in einem klassizistischen Gebäude am Domplatz untergebracht ist, dokumentiert die Seefahrtsgeschichte der westlichen Riviera. Neben 130 Modellen von antiken und modernen Schiffen findet man eine Sammlung rührender Votivbilder (⊙ Mi–Sa 16–19.30, Juli und Aug. auch 21–23 Uhr).

Die Kirche der Seefahrer im Hafen von Imperia

Gleich in der Nähe des Doms führen enge Gassen in die Altstadt *Parasio.* Auf den Resten der alten Stadtmauer ruht die ursprünglich mittelalterliche Kirche *San Pietro,* die mit besonders schönen Fresken ausgemalt ist. Von der

5

Seite
81

Seefahrt hat in Imperia eine lange Vergangenheit

Terasse der Kirche, die einen weiten Blick auf die Riviera freigibt, erreicht man den Loggiengang des *Convento di Santa Chiara* (18. Jh.), ebenfalls auf den Resten der alten Stadtmauer erbaut. Elegante Schieferportale und Skulpturenschmuck an Häusern und Palästen bekunden, daß der „Parasio", dessen Name angeblich auf einen alten „Palatium" zurückzuführen ist, einmal bessere Zeiten gesehen hat. Heute ist davon nur noch in den guten Buchhandlungen der Flaniermeile Via XX Settembre zu lesen.

Ein kurzer Abstecher von Porto Maurizio aus führt zur Wallfahrtskirche *Madonna delle Grazie* (10 km). Ein stummes Hirtenmädchen hatte zu sprechen begonnen, nachdem ihm hier die Jungfrau Maria erschienen war. 1450 begann man mit dem Bau der idyllisch gelegenen Kirche, die von den Brüdern Tomaso und Matteo Biazaci 1483 mit Fresken ausgemalt wurde. Die drastisch-realistische Schilderung der Höllenqualen könnte in vergangenen Jahrhunderten manchen Sünder zu einem frommeren Leben bekehrt haben.

Oneglia mag sich weniger geschichtsträchtig zeigen als Porto Maurizio, kann sich aber rühmen, die Heimat von Andrea Doria (1466–1560) zu sein, dem wetterwendischen Kondottiere und Realpolitiker, der Genua 30 Jahre lang Unabhängigkeit und Frieden sicherte. Das Geburtshaus des nicht unumstrittenen Helden liegt (wie könnte es anders sein!) in der Via Andrea Doria. Gleich hinter dem Bahnhof von Oneglia hat die Firma Carli, ein namhaftes Unternehmen, das mit Olivenöl handelt, in einer Jugendstilvilla das *Museo dell'Olivo* (☉ tgl. außer Di und So 9–12 und 15–18 Uhr) nach modernsten Kriterien musealer Gestaltung eingerichtet. In zehn Abteilungen dokumentiert das Museum die uralte Kultur des Olivenanbaus, der im Mittelmeerraum so große Bedeutung gefunden hat, daß hier bis heute 95 % des Olivenöls produziert werden. Botanische Aspekte, Salben und Medikamente, die

Ölgewinnung in unterschiedlichen Ölmühlen und -pressen, der Handel, die Rolle des Olivenöls in der Gastronomie, der rekonstruierte, mit Ölamphoren beladene Kielraum eines altrömischen Frachtschiffes und der Ölbaum als geheiligtes Symbol des Friedens sowie des Sieges sind die Hauptthemen dieses Museums.

ℹ️ IAT, Viale Matteotti 22, ☎ 0183/60730.

🏨 **Croce di Malta,** Via Scarincio 148, ☎ 0183/63847, 🖷 63848. Modern und direkt am Meer, mit Blick auf den Hafen. Ⓢ

🍴 **Convivium,** Via Vecchie Carceri 19, ☎ 0183/61780. Lokale Spezialitäten in diesem Lokal in der Parasio-Altstadt von Porto Maurizio. Ⓢ
Osteria dell'Olio Grosso, Piazza Parasio 36, ☎ 0183/60815. Gemütliche Atmosphäre und gute Fischgerichte, in der Altstadt von Porto Maurizio. Ⓢ

Der Pastafabrikant Agnesi betreibt das *Spaghettimuseum* in **Pontedassio.** Vincenzo Agnesi hat im Jahr 1824 in diesem heute stark industrialisierten Ort der Valle Impero mit der Nudelproduktion begonnen, und seine Nachfahren richteten hier 1956 das doch etwas kurios anmutende *Museo Storico degli Spaghetti* ein.

Die Ausstellung zeigt, wie Spaghetti, Maccheroni und andere Nudelarten hergestellt werden, und widerlegt die These von der neapoletanischen oder gar chinesischen Erfindung der Spaghetti: In einem im genuesischen Staatsarchiv aufbewahrten Dokument werden schon im Jahr 1244 „trockene Nudeln" erwähnt. Das italienische Nationalgericht käme also – wer hätte das gedacht – nicht aus Neapel, sondern aus Ligurien. Ob damit diese jahrhundertealte Streitfrage beigelegt ist, mag dahingestellt bleiben. (Besichtigung nur nach telefonischer Anmeldung, ☎ 0187/21651.)

Daß die heute entlegenen Ortschaften im ligurischen Hinterland einst bedeutsam waren, beweist **Pieve di Teco.** Die klassizistische Pfarrkirche *San Giovanni Battista* (1792–1806) ist ein Werk des lombardischen Baumeisters Gaetano Cantones, von dem auch die Entwürfe zum Dom von Porto Maurizio und zur Pfarrkirche in Pietra Ligure stammen. Kunst, Architektur und Kapital kamen in diese Gegend über die vielbefahrenen Salzstraßen, die vom Meer über die ligurischen Alpen- und Apenninpässe in die piemontesisch-lombardische Ebene führten und in Pieve di Teco zusammentrafen. In dem 1233 gegründeten Markt entstanden Papiermühlen, Seifenfabriken, Seilerwerkstätten, Webereien und Gerbereien, und die Handelskarawanen, die seit dem Mittelalter kostbares Salz von der ligurischen Küste über die Berge transportierten, kehrten gern zur Rast unter den Lauben des Corso Ponzoni ein. Elegante Palazzi sowie kunstvolle Schieferportale zeugen hier noch von vergangenem Wohlstand.

Moderne Formenkunst in Imperia

❶ IAT, Piazza Brunengo 1, ☏ 0183/36453.

Wanderfreudige Ligurienbesucher werden kaum der Versuchung widerstehen, von Pieve di Teco aus einen Abstecher ins Bergdorf **Monesi** (1310 m) zu unternehmen und von dort in dreistündigem Aufstieg den *Monte Saccarello* zu besteigen. Mit seinen 2200 m ist er der höchste Berg Liguriens, und seine schattigen Nordhänge verwandeln sich im Sommer in einen einzigen Alpenrosengarten. Da er an der italienisch-französischen Grenze liegt, war er zwischen den beiden Weltkriegen aus strategischen Gründen mit einem dichten Wegenetz versehen worden, das heute den Wanderern zugute kommt.

5

Seite 81

Prachtvolle Villen blicken aufs Meer

Das ligurische Bergland ist eine alte Kulturlandschaft

Im „Öltal" Valle Argentina

Wer sich auch zu Hause den Luxus leisten möchte, seinen Salat mit ligurischem Olivenöl anzumachen, muß recht tief in die Tasche greifen: „Olio extra vergine d'oliva" von der italienischen Riviera ist teuer, vielleicht das teuerste Öl, das in ganz Italien produziert wird. Die „Taggiasca"-Oliven, die in der Valle Argentina im Hinterland von Imperia fast die gesamte Produktion ausmachen, ergeben pro Hektar 40 Zentner Oliven (andere Olivenarten haben in anderen Gegenden Italiens einen Pro-Hektar-Ertrag von 120–200 Zentnern!). Bei Wanderungen durch die Valle Argentina, die als das ligurische „Öltal" gilt, und durch ihre Seitentäler kommt man an alten Ölmühlen vorbei (besonders viele sind noch in und um Dolcedo erhalten) und an den *caselle*, kleinen, runden oder quadratischen Bauten in Trockenmauertechnik, die als Schuppen und Unterstand dienten und für die ligurische Berglandschaft so charakteristisch sind. Der Vergangenheit gehören auch die *sciascelline* an, Mädchen und junge Bauersfrauen aus der piemontesischen Ebene oder aus abgelegenen Apenindörfern, die bis vor wenigen Jahrzehnten noch zur Olivenernte über die Berge ans ligurische Meer kamen.

Eine kurvenreiche, teilweise steile Straße führt von Pieve di Teco über das Bergdorf Rezzo nach Molini di Triora und Triora. Der Ort **Molini di Triora** ist nach den 23 Mühlen (ital. *mulini*) benannt, die hier einst in Betrieb waren. Das verschlafene Städtchen eignet sich gut als Ausgangspunkt für Ausflüge und Wanderungen: Mit dem Auto erreicht man das weite Mattengelände der Colla di Langan, 1127 m, und der Colla Melosa, 1540 m, wo sich die Schutzhütte Franco Allavena befindet (Schlüssel beim CAI in Bordighera). Auf Höhlenforscher warten im Pietravecchia-Toraggio-Massiv zahllose Karsthöhlen, während die Bergsteiger sich auf den * *Sentiero degli Alpini* wagen können.

Dieser kühn in senkrecht steile Kalkwände eingehauene Steig ist in den Jahren 1936–1938 von italienischen Alpinisoldaten angelegt worden, um auf der Ostseite des an der Grenze gelegenen Monte Pietravecchia über einen von den Franzosen nicht einzusehenden Nachschubweg für einen eventuellen Gebirgskrieg zu verfügen – der dann auch bald eintreten sollte. Ein Tip: Man sollte den „Alpinisteig" von der Colla Melosa aus nicht auf dem Hin- und Rückweg begehen, sondern sich die Umrundung des Monte Pietravecchia (2038 m) vornehmen, deren Höhepunkt der „Sentiero degli Alpini" darstellt. Es sind sechs Stunden Wanderung durch eine meeresnahe Gebirgswelt, die faszinierende Landschaftsbilder und eine reiche Vegetation mit seltenen Pflanzen bietet, aber Trittsicherheit verlangt.

Hexen, Aberglaube und Zauberkünste sind in **Triora** zuhause. Als das Gebiet von Triora 1587 von einer Hungersnot heimgesucht wurde, suchte man nach einem Sündenbock – und man fand ihn in 200 Frauen, die der Hexerei bezichtigt wurden und in Genua vor Gericht kamen. Viele wurden gefoltert, einige beichteten nächtliche Zusammenkünfte mit dem Teufel, um ihr Leben zu retten, an die 15 wurden zum Tode verurteilt. Den „bàgiue", wie die Hexen im einheimischen Dialekt heißen, widmet sich unter anderem das *Museo Etnografico Alta Valle Argentina* (◷ im Sommer tgl. 15.30–18.30 Uhr, im Winter nur So 14.30–17.30 Uhr). Triora ist ein beschauliches Dorf mit Portalen aus Schiefer und schwarzem Stein. Ziegel- und kopfsteingepflasterte Gassen und Bogengänge führen durch ein Labyrinth von malerischen Häusern, deren Bewohner aber oft schon vor langer Zeit in die Stadt gezogen sind. Triora hat heute nur noch 300 Einwohner, vor 40 Jahren waren es viermal so viele, und im Spätmittelalter, als es an einer wichtigen Verbindungsstraße vom Meer nach Brigue und Tende lag, lebten hier sogar 500 Familien. Im Ort findet man die Ruinen von fünf Festungen und Burgen, drei der ursprünglichen sieben Stadttore und fast ein Dutzend Kirchen und Kapellen, von denen sich die ursprünglich romanisch-gotische, später aber umgebaute *Assunta-Pfarrkirche* mit bedeutenden Kunstwerken präsentiert: Sie bewahrt ein Gemälde von Luca Cambiaso und ein von Taddeo di Bartolo aus Siena ausgeführtes Tafelbild „Jesu Taufe" von 1397, angeblich das älteste Gemälde Westliguriens.

Enge Gassen prägen das Stadtbild von Triora

❶ Pro Loco, Corso Italia 7, ☎ 0184/94477.

⌂ Colomba d'Oro, Corso Italia 66, ☎ 0184/94051. Freundlich und sauber in einem ehemaligen Kloster (April–Sept.). Ⓢ

Eines der schönsten Städtchen Liguriens ist **** Taggia.** Einer Überlieferung nach sollen Benediktinermönche aus dem Piemont im 7. Jh. die einheimische Bevölkerung, die sich bis dahin der Weidewirtschaft, dem Handel und der Seefahrt gewidmet hatte, nicht nur zum rechten Glauben, sondern auch zum Olivenanbau bekehrt haben. Und es waren Oliven, Südfrüchte, Mandeln und Feigen, die der Stadt den Wohlstand brachten.

Alles und nichts gibt es an der Ecke

Noch heute künden die Kirchen, die prunkvollen Adelspaläste sowie die noblen Portale von dem einstigen Reichtum. In der Via Curlo, der Via Gastaldi, der Via San

Das Bergstädtchen Taggia ist die Krone Liguriens

5

Seite **81**

Dalmazzo und der laubengesäumten Via Soleri, in der allmonatlich ein pittoresker Antiquitätenmarkt stattfindet, sind die schönsten dieser Paläste zu sehen. An den reliefgeschmückten Schieferportalen findet man noch biblische Symbole und Adelswappen; die napoleonischen Revolutionstruppen haben hier 1797 ihren Zorn gegen adelige Vorrechte ausgelassen. Über das hier sehr breite Flußbett des meist recht unscheinbaren Argentina-Baches, der nach Regenfällen aber unvermittelt und heftig anschwellen kann, führt eine 260 m lange, ursprünglich mittelalterliche Brücke mit 16 Bögen. In der Oberstadt sind in der romanischen Kirche *Madonna del Canneto* außer einer Krypta des 12. Jhs. auch Fresken des 16. Jhs. von Giovanni und Luca Cambiaso und Francesco Brea zu entdecken, einem Neffen des berühmteren Ludovico Brea.

Werke des bedeutenden Malers birgt vor allem das vor den Stadttoren von Taggia gelegene **Dominikanerkloster.* Allein die Klosterkirche ist mit fünf kostbaren Altarbildern Ludovico Breas ausgestattet, der um 1450 in Nizza geboren und um 1523 in Genua gestorben ist. Für die Dominikanermönche, die sich 1468 in Taggia angesiedelt und mit dem Klosterbau begonnen hatten, schuf er 1483–1513 mehrteilige Tafelbilder, die auf gotischem Goldgrund die Madonna der Barmherzigkeit, die hl. Catarina von Siena, die Taufe Christi und die Verkündigung zeigen.

Die neuen Kunsttendenzen der Renaissance, mit denen Ludovico Brea in der Lombardei in Berührung kam, sind dagegen in der „Rosenkranzmadonna" zu erkennen, wo der irreale Goldgrund endgültig einer realen Landschaft mit Leonardo-da-Vinci-Anklängen weicht. Vor Brea hatte der piemontesische Künstler Giovanni Canavesio, der zwischen 1472 und 1500 vor allem an der westlichen Riviera und im Gebiet von Nizza tätig war, schon das Altarbild des hl. Dominikus gemalt, das ebenfalls im Besitz der Klosterkirche ist. Canavesio, Ludovico Brea und seinem Neffen Francesco Brea begegnet man auch im Kapitelsaal und im kleinen Museum des Klosters, die auf Anfrage zugänglich sind (○ tgl. außer Do 9.30–12 und 15–17 Uhr).

❶ IAT in Arma di Taggia, Via Blengino 5, ☎ 0184/43733.

🏠 **La Conchiglia** in Arma di Taggia, Via Lungomare 33, ☎ 0184/43169. Charmantes Ambiente in einem alten Fischerhaus am Meer, ligurische Küche. Ⓢ–Ⓢ

Von der alten Kunst folgt nun einen Sprung in die Moderne:

Im Dorf *Bussana Vecchia,** zu dem eine aussichtsreiche Straße von Arma di Taggia hinaufführt, haben sich von den sechziger Jahren an Künstler und Handwerker niedergelassen. Der herrlich gelegene Ort, der schon im Mittelalter besiedelt war, wurde 1887 von einem heftigen Erdbeben zerstört. Während am Meer das neue Bussana erstand, begann für das Hügeldorf Bussana Vecchia der unaufhaltsame Verfall. Häuser und Mauern stürzten ein, wurden von Pflanzen und Gras überwuchert. In den fünfziger Jahren machten süditalienische Familien, die zur Arbeit in der Blumenzucht nach Ligurien gekommen waren, einen ersten Versuch, das tote Dorf zu neuem Leben zu erwecken. Doch auch sie mußten die baufälligen Häuser räumen. 1963 wagten Künstler einen neuen Versuch: Sie begannen – trotz heftigster Einwände seitens der Gemeinde San Remo, zu der Bussana gehört – die weniger beschädigten Häuser zu restaurieren, eröffneten Ateliers und Läden. Aus einem öden Ruinendorf ist eine originelle internationale Künstlerkolonie geworden, in der man neben guter Kunst allerdings auch reichlich Kitsch finden kann.

Morbide Altstadt von San Remo

Route 6

Zwischen Mondänität und Urwüchsigkeit

* San Remo – Ceriana – Baiardo – Apricale – Dolceacqua – * Bordighera (ca. 50 km)

Deutsche Kaiser, russische Zaren, englische Lords begannen im vorigen Jahrhundert an der italienischen Riviera zu überwintern: Der Tourismus war geboren. Mondän-nobles Flair ist in den parkumgebenen Villen, den eleganten Jugendstilhotels, den palmengesäumten Seepromenaden von San Remo und Bordighera noch heute zu spüren.

Ganz anders die Atmosphäre in den Bergdörfern, zu denen von der Küste steile, kurvenreiche Straßen hinaufführen. Hier findet man Ruhe, atemberaubende Gebirgspanoramen und traditionelle Bräuche, die – wie die „Festa della barca" in Baiardo – noch auf heidnische Urzeiten zurückgehen. Zum Schutz vor den Sarazenen sind in dieser Gegend schon vor Jahrhunderten charakteristische Labyrinthdörfer wie Dolceacqua entstanden, in denen die Zeit stehengeblieben zu sein scheint.

Wer einen Tag für die Route einplant, hat auch Zeit, durch die kleinen Dörfer in den Bergen zu schlendern.

* San Remo

Man muß sich wundern, daß * **San Remo** dem italienischen Schriftsteller Giovanni Ruffini (1807–1881) noch kein Denkmal gesetzt hat. Er gehört zwar nicht zu den großen Namen der italienischen Literatur, hat aber den Grundstein zum touristischen Erfolg der italienischen Riviera gelegt. Denn

in San Remo und Bordighera spielt der etwas kitschige Liebesroman „Doktor Antonio", den Ruffini 1855 in englischer Sprache in Edinburgh veröffentlichte. Der Publikumserfolg war groß, und nicht wenige der Leser beschlossen, es den Romanhelden nachzutun und das Traumambiente der ligurischen Küste zu genießen. Kleine Touristentrupps flüchteten aus den britischen Nebeln ins milde Rivieraklima, wo sie die langen Wintermonate verbrachten und die damals sehr verbreiteten Lungenleiden ausheilten. Die ersten Gäste wurden von der Gräfin Adele Roverizio di Roccasterone in einer privaten Villa beherbergt, im Jahr 1860 wurde das *Grand Hôtel Londra* erbaut, bald darauf das *Royal*, das bis heute exklusivste Haus im Ort. Bis um die Jahrhundertwende entstanden 25 Hotels und fast 200 Villen, heute kann der Besucher unter rund 250 Hotels, Campingplätzen und Feriendörfern unterschiedlichsten Niveaus wählen. Obwohl San Remo nach dem Zweiten Weltkrieg in die Liste der Massentourismusziele eingegangen ist, hängt es noch gern seinen Erinnerungen an bessere Zeiten nach, als hier – im Kielwasser der ersten englischen Touristen – Kaiser(innen) und Zar(inn)en eintrafen, Prinzen, Fürsten und andere (Geld)adelige in ihrem Gefolge sowie Schriftsteller und Künstler von Weltrang.

Es sei der „bezauberndste Aufenthaltsort Italiens", rühmte schon 1647 die Königin von Polen diese Gegend. Und wenn man nur die Schauseite San Remos mit ihren romantischen Villen der Belle Epoque ins Auge faßt, die eleganten Stadtpalais, deren weißgetünchte Fassaden sich licht gegen das Azur des Himmels und des Meeres abheben, dann scheint die Zeit stehengeblieben zu sein. In Wirklichkeit ist San Remo jedoch eine moderne Stadt mit all den dazugehörigen Problemen.

Der Ort, heute auf 56 000 Einwohner angewachsen, hat sich mit Golfplatz, Reitbahn, Tennis- und Minigolfplätzen, Segel-, Windsurf- und Wasserskischu-

6

Seite **81**

len den Bedürfnissen des modernen Tourismus voll angepaßt; hier finden Radrennen, Autorallyes und Segelregatten von internationalem Rang statt. Die „belle époque" jedoch lebt heute nur noch in der Erinnerung fort, wenn sie auch überall ihre Zeichen hinterlassen hat: in den Grandhotels mit ihren Zuckerbäckerfassaden, die bis heute das Stadtbild prägen, sowie am palmen-

Eleganz prägte den einstigen Nobelort San Remo

gesäumten **Corso Imperatrice,** der zu Ehren der Zarin Maria Alexandrowna benannten „Kaiserinallee" mit der blumengirlandengeschmückten „Frühlings"-Statue und in den eleganten Villen.

Um die Jahrhundertwende hielt der Jugendstil in San Remo glorreichen Einzug und hinterließ so prachtvolle Palais wie die **Villa Nobel,** in der Alfred Nobel seine letzten Lebensjahre (1891–1896) verbrachte und die jetzt Sitz des Internationalen Instituts für Menschenrechte ist, und das **Casinò Municipale.** Das

Um Spiel und Pomp geht es im Casino von San Remo

Spielkasino, das 1904–1906 nach Entwürfen des französischen Architekten Eugène Ferret entstanden ist, bringt der Stadt heute Millionen ein. Chemin de fer, Black Jack und andere Glücksspiele verlieren auch dann nicht ihre Faszination, wenn – wie Pressemeldungen aus jüngerer Zeit behaupten – das Spielkasino verdächtigt wird, an den Roulettetischen schmutziges Mafia- und Camorrageld zu „waschen".

6
Seite 81

Mit dem Namen San Remo verbindet man bis heute mondänes Treiben. Dabei müßte die Stadt eigentlich San Romolo heißen, wie ein kleines, auf den Bergen hinter der Stadt gelegenes Dorf. Um das 6./5. Jh. v. Chr. hatten die vorrömischen Ligurer befestigte Wallburgen auf den Hügeln und Bergen um San Remo angelegt, im 2. Jh. v. Chr. gründeten die eben bis an die Riviera vorgestoßenen Römer hier den Ort Villa Matutiana, der um die Wende vom 7. zum 8. Jh. vom genuesischen Bischof

Russische Zaren und Großfürsten hinterließen der Stadt eine Kirche

Romolo christianisiert und nach ihm benannt wurde. San Romolo wandelte sich schließlich im etwas harten Dialekt der Einheimischen zu San Römu.

Den Beginn des Corso Imperatrice markiert die russisch-orthodoxe Kirche **San Basilio,** die im späten 19. Jh. von der russischen „Kolonie" gestiftet wurde (☾ Di, Do und Sa 15–18.30, So 9.30–12.30 und 15–18.30 Uhr). Im weitläufigen *Palazzo Borea d'Olmo* (16. Jh.) zeigt neben einer Pinakothek von lokaler Bedeutung das *Civico Museo Archeologico* in einer vorgeschichtlichen Abteilung stein-, bronze- und eisenzeitliche Funde aus der Umgebung sowie Ausgrabungsmaterial aus der Römerzeit (☾ Di–Sa 9–12 und 15–18.30, So 9–12 Uhr, Mo geschl.).

Die Fassade des spätromanischen Doms *San Siro,* der im 13. Jh. auf den Resten einer älteren Kirche entstand, wurde um 1900 vollständig erneuert. Dem linken, mit Flachreliefs verzierten Portal gegenüber liegt das **Battistero,** ein ursprünglich dreischiffiges romanisches Gotteshaus, das sich heute als Zentralbau des 17. Jhs. präsentiert.

Wer in San Remo übernachtet, sollte mindestens einmal zum Frühaufsteher werden und eine der täglichen Blumenauktionen miterleben, die um fünf Uhr morgens im **Mercato dei Fiori** beginnen. Auf dem größten Blumenmarkt Italiens wird ein Meer aus Blumen angeboten, das der unermeßlich großen Treibhauslandschaft an der westlichen Riviera entstammt.

Die elegant-nostalgische Blumenmetropole unten am Meer ist aber nur eines der Gesichter von San Remo. Älter und, da ziemlich heruntergekommen und vernachlässigt, weniger zum Vorzeigen geeignet, ist die **Altstadt La Pigna,** die sich am Hügel zusammendrängt. Das malerische Gewirr aus schmalen Gassen, Treppen, überwölbten Durchgängen und stützenden Strebebögen wird heute überwiegend von Alten und Armen bewohnt, von süditalienischen Arbeitern, die in der Blumenzucht be-

schäftigt sind, und von nordafrikanischen Zuwanderern, die noch auf der Suche nach Integration sind. Die Altstadt wird von der hoch gelegenen, reich verzierten barocken Wallfahrtskirche **Madonna della Costa** (17. Jh.) bewacht; von ihrem Vorplatz eröffnet sich das Stadt- und Golfpanorama.

Seit gut 50 Jahren kümmert sich niemand mehr um die Altstadt, die – so

sagen kritische Einheimische – in der nahen Provence längst zu einem Bilderbuchdorf hergerichtet worden wäre.

Heute ist San Remo auf dem besten Weg, ein riesiges Altersheim zu werden. Ein Drittel der Bewohner ist bereits über 60, gutsituierte Rentner aus den Nachbarregionen, die hier besonders gern überwintern, verwandeln den Ort zusehens in ein italienisches Flori-

Die Villa Nobel

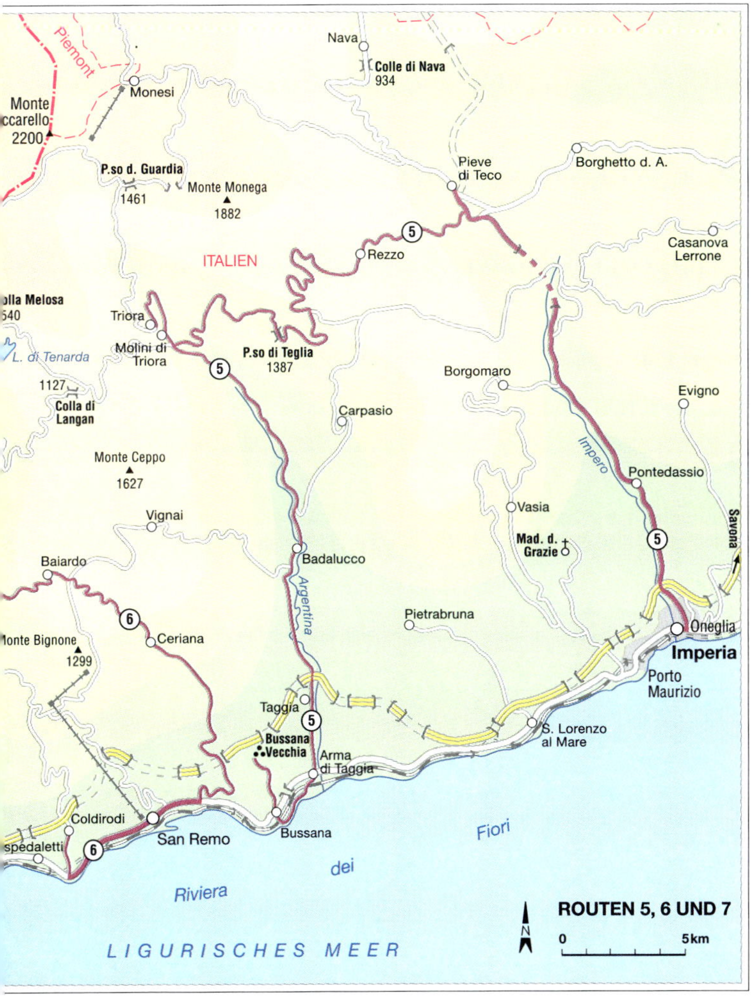

Piemont

Nava
Colle di Nava
934

Monesi

Monte
ccarello
2200

Pieve
di Teco

Borghetto d. A.

P.so d. Guardia
1461 Monte Monega
1882

Casanova
Lerrone

ITALIEN

Rezzo

lla Melosa
540

Triora

L. di Tenarda

Molini di
Triora

P.so di Teglia
1387

Borgomaro

Evigno

1127
Colla di
Langan

Carpasio

Impero

Pontedassio

Monte Ceppo
1627

Vignai

Vasia

Mad. d.
Grazie

Baiardo

Badalucco

Argentina

Pietrabruna

Savona

6

Seite
81

onte Bignone
1299

Ceriana

Oneglia
Imperia
Porto
Maurizio

Taggia

S. Lorenzo
al Mare

**Bussana
Vecchia**
Arma
di Taggia

Coldirodi
spedaletti San Remo

Bussana

Fiori

dei

ROUTEN 5, 6 UND 7

Riviera

N
0   5km

L I G U R I S C H E S   M E E R

da. Und wie in den besten, vorrevolutionären Zar-Zeiten haben San Remo und andere Rivieraorte in jüngster Zeit ein neues touristisches Phänomen zu verzeichnen: die Ankunft „en masse" von Russen, die sich, die Geldtaschen voller Dollars, in den teuersten und exklusivsten Hotels einquartieren.

❶ APT in San Remo, Via Nuvoloni 1, ☎ 0184/571571 und 571574.

Ⓗ **Royal,** Corso Imperatrice 80, ☎ 0184/5391, 🖷 61445. In den Traumsälen und Suiten dieses Luxushauses trifft sich seit über 100 Jahren die Crème de la crème, die im Ⓡ **I Fiori di Murano** einen passenden kulinarischen Rahmen findet. Beides Ⓢ⃝⃝

Ⓡ **Paolo e Barbara,** Via Roma 47, ☎ 0184/531653. Phantasiereiche, exklusive Küche in gedämpfter Atmosphäre. Ⓢ⃝⃝
Villa Maria, Corso Nuvolini 30, ☎ 0184/531422, 🖷 667655. Noble Adelsvilla mit modernem Komfort. Ⓢ⃝

Il Bagatto, Corso Mateotti 145, ☎ 0184/531925. Auserlesene moderne Gastronomie im alten Palazzo der Herzöge Borea d'Olmo. Ⓢ
Bacchus, Via Roma 65, ☎ 0184/530990. Elegantes Ambiente, deftige ligurische Küche (oder auch nur kleine, schmackhafte Imbisse). Ⓢ
Le cantine sanremesi, Via Palazzo 7, ☎ 0184/572063. In einem gemütlichen, zentral gelegenen Weinkeller gibt es typische Imbisse und Gerichte. Ⓢ

Veranstaltungen: seit 1951 *Festival della Canzone Italiana* (italienisches Schlagerfestival) im Februar; Radrennen Mailand–San Remo im März; *Giraglia*-Regatta San Remo–Saint-Tropez im Juli.

Nach einem Abstecher in die *Pinacoteca Rambaldi* in **Coldiroldi,** die eine etwas zusammengewürfelte Gemäldesammlung des 15.-19. Jhs. bewahrt, darunter eine *Madonna mit Kind,* die

Blumenzucht an der westlichen Riviera

Dem französischen Schriftsteller Alphonse Karr (1808–1890) wird das Verdienst zugeschrieben, an der italienischen Riviera die Blumenzucht eingeführt zu haben. Als er wegen seiner satirisch-revolutionären Schriften aus Frankreich verbannt wurde und im damals italienischen Nizza im Exil lebte, widmete er sich dem Anbau von Rosen und Nelken, die er dann per Bahn nach Paris versandte. Der Erfolg war groß, und die ligurischen Bauern begannen es ihm nachzutun.

Nicht daß die einheimischen Landwirte bis dahin untätig herumgesessen hätten. Bereits im 7. Jh. hatten Benediktinermönche an der Riviera den Olivenanbau eingeführt und seit dem 12. Jh. wurden hier Agrumen gezüchtet: Apfelsinen, Zitronen und Mandarinen, sowie Zedern und Bergamotten für die Parfümindustrie.

Als um die Mitte des 19. Jhs. neue Kreuzungs- und Vermehrungstechniken für Nelken ersonnen wurden, war die Entwicklung einer Massenblumenzucht nicht mehr aufzuhalten. Nelken-, Rosen- und Orchideenbeete verdrängten Palmen- und Olivenhaine, Agrumenpflanzungen und Weinberge, und mit der Zeit verwandelte sich die Hügellandschaft zwischen San Remo und Bordighera in ein einziges, glasverschaltes Treibhaus.

Eine Fläche von 1500 ha Land ist heute mit Blumen bepflanzt, rund 10 000 Personen haben hier Arbeitsplätze gefunden. Jetzt bekommen die ligurischen Blumenzüchter jedoch Konkurrenz zu spüren, besonders aus Spanien, Kolumbien und Kenia. Aber den Rang hat der italienischen Blumenmetropole San Remo bis heute niemand ablaufen können.

6

Seite 81

der Leonardo-Schule entstammt, sowie eine wertvolle Bibliothek (☉ Mi, Fr und So 9–12, Do und Sa 15–18 Uhr, Mo geschl.), geht es von San Remo in einige gut erhaltene Bergdörfer. Sie zeigen das „andere", herbere Gesicht Liguriens.

Erstes Ziel ist das mittelalterlich geprägte Dorf **Ceriana,** das sich durch eine interessante städtebauliche Struktur auszeichnet: Die Straßen mit den zusammengewachsenen Häusern folgen den Höhenlinien des steilen Hügelhangs. Im Ortsbild dominiert die Barockfassade der zweitürmigen Pfarrkirche *Santi Pietro e Paolo,* die im Inneren ein mehrteiliges Altarbild eines anonymen Künstlers des 16. Jhs. und ein dreiteiliges Tafelbild von Francesco Brea von 1545 bewahrt. In die romanische Kirche *Sant'Andrea* mit ihrem spitzen Glockenturm wurden noch vier dorische Säulen eines heidnischen Tempels integriert.

🏠 **Fontana bianca,** Valle Armea Nord, ☎ 0184/551079. Gemütliche Trattoria mit schmackhaften, abwechslungsreichen Gerichten. ⑤

In dem auf 900 Meter Höhe gelegenen Bergdorf **Baiardo,** das sich seinen ursprünglichen Charakter weitgehend bewahrt hat, begehen die Einheimischen am Pfingstsonntag die *Festa della barca.* An ein Schiff (ital. *barca)* erinnert bei diesem Fest, das die Volkskundler auf heidnische Maibräuche zurückführen, nur der hohe, schiffsmastähnliche Kiefernstamm, der, entrindet und mit einem jungen, grünen Laubbaum bestückt, auf dem Kirchenvorplatz aufgestellt wird. Eine Volkstanzgruppe tanzt um diesen Baum einen langsamen Reigen und singt dazu das traurige Lied von der Tochter des Burgherren von Baiardo, die sich in einen Schiffskapitän unglücklich verliebt hatte.

Tragisch für Baiardo war das schwere Erdbeben vom 23. Februar 1887, bei

Dem Himmel entgegen ist Baiardo gebaut

Als die Erde bebte, stürzte San Nicolò ein

6

Seite **81**

Kunst gehört in Ligurien zum Alltag

dem das Dach der Kirche *San Nicolò* einstürzte und über 200 Menschen ums Leben kamen. Die Folgen des Erdbebens sind heute noch in der Oberstadt offensichtlich, wo die Kirchenruine an die unberechenbaren Kräfte der Erde mahnt. Bewegend wirkt inmitten dieser Mauerreste der original erhaltene, von barocken Putti umflogene Antoniusaltar, vor dem noch Messen zelebriert werden.

Wer gut zu Fuß ist, sollte von Baiardo aus eine Wanderung auf den 1299 m hohen *Monte Bignone* unternehmen, den hinter San Remo gelegenen Aussichtsberg (4 $^1/_2$ Std.).

Noch einige Kilometer auf einer dieser schmalen Panoramastraßen, die für das ligurische Hinterland charakteristisch sind, und man ist in **Apricale.** Gotische Stadttore des 13. Jhs. führen in das Dorf, das sich – auch das ist leider charakteristisch für das ligurische Bergland – zunehmend entvölkert.

Äußerst malerisch ist der *Hauptplatz.* Auf mittelalterlichen Lauben erheben sich hier die Pfarrkirche *Purificazione di Maria,* im 19./20. Jh. wiederaufgebaut, und ihr gegenüber das *Oratorio di San Bartolomeo* mit Rokokostukkaturen. An dieser Piazza liegt auch der *Palazzo del Comune,* an dem (wie im ganzen Ort) zeitgenössische „murales" das bäuerliche Leben und ligurische Landschaftsbilder darstellen. Außerhalb der ehemaligen Ringmauer trifft man auf die festungsartige, spätmittelalterliche Kirche *Santa Maria degli Angeli,* deren einschiffiger Innenraum ganz mit jüngst restaurierten Freskenzyklen des 15. bis 18. Jhs. überzogen ist; zu den ältesten gehören vermutlich „Mariä Himmelfahrt" und die Evangelisten. Die später umgebaute Friedhofskirche *Sant'Antonio Abate* hat noch eine schlichte romanische Apsis.

Ein Abstecher nach **Perinaldo** ist auch ein Abstecher aus dem abgelegenen ligurischen Bergland in die große internationale Welt der Wissenschaften. 1625 wurde hier Giovanni Domenico Cassini geboren, der Stammvater einer Dynastie von Astronomen und Mathematikern, die mehrere Generationen lang das Amt des Leiters des Pariser Observatoriums bekleidete. Kaum geringere Verdienste um die Astronomie erwarb sich Cassinis Neffe Giacomo Filippo Maraldi, der 1665 auch in Perinaldo zur Welt kam und am französischen Hof des Sonnenkönigs Ludwig XIV. eine führende Position innehatte. Kein Wunder, daß die Hauptstraße des langgestreckten Dorfes nach Maraldi benannt ist und ein Restaurant den Namen *Pianeti di Giove,* „Jupiterplaneten" trägt (⑤). Originell ist die Lage der Kirche *Santuario della Visitazione* unterhalb des Ortes, die auf Initiative von Cassini nach dem „ligurischen Längenkreis" ausgerichtet wurde.

Nach schwindelerregenden, kurvenreichen Bergstraßen ist man in **Isolabona** wieder unten im Tal angelangt, in der oliven- und rebenreichen Val Nervia. Vor der Fahrt in Richtung Küste sollte man sich von hier noch einmal den Bergen zuwenden. An der Wallfahrtskirche *Nostra Signora delle Grazie* vorbei, in der eine seltene Darstellung des Jessebaums (16. Jh.) zu bewundern gibt, erreicht man das auf den ersten Blick herbe, in Wirklichkeit aber erstaunlich kunstreiche Dorf **Pigna.** Der Ort war im Mittelalter unten im Tal angesiedelt, war dann aber aus strategischen Gründen auf den besser zu verteidigenden Hügel verlegt worden. Die Fassade der Pfarrkirche *San Michele* (1450) schmückt eine prächtige marmorne Fensterrose, die „Premiere" des lombardischen Baumeisters und Bildhauers Giovanni Gagini, der besonders in Genua bedeutende Werke hinterlassen hat. Das mehrteilige Altarbild im Inneren, eine Darstellung des hl. Michael, ist ein reifes Werk des piemontesischen Malers Giovanni Canavesio (um 1500), der auch die Friedhofskirche *San Bernardino* mit volkstümlichen, leicht grotesken Fresken aus-

Bergdorf Apricale

6

Seite
81

gemalt hat (einige sind nach erfolgter Restaurierung wieder an ihren ursprünglichen Standort zurückgekehrt).

❶ Pro Pigna, Via San Rocco, ☎ 0184/241040.

🏠 **La Posta,** Via San Rocco 60, ☎ 0184/241666. Küche wie zu Großmutters Zeiten in einem einfachen Lokal (am besten Sa und So). ⑤
Osteria del Portico in Castel Vittorio, Via Umberto 16, ☎ 0184/241352. Einfaches Wirtshaus mit reicher und traditionsreicher Speisekarte. ⑤

Eine vielfotografierte Steinbrücke, die vor über 100 Jahren auch den französischen Maler Claude Monet faszinierte, verbindet die zwei Ortsteile von **Dolceacqua** miteinander. Im mittelalterlichen *Terra* wird verständlich, wie die ligurischen Dörfer sich gegen feindliche Angriffe verteidigen konnten: Nur die Einheimischen kennen sich im labyrinthartigen Gewirr der Gassen, der Bogengänge und der Treppen aus, die bei Gefahr an einigen Schlüsselstellen verriegelt werden konnten. Hoch über dem Ort ragt die Ruine einer *Doria-Burg* auf, in der im Sommer kulturelle Veranstaltungen stattfinden (🕐 tgl. außer Di 9–12 und 15–19 Uhr). Vor der barocken, mit Marmoraltären und Stukkaturen ausgeschmückten Pfarrkirche *Sant'Antonio* erinnert ein modernes Denkmal an den Einheimischen Pier Vincenzo Mela. Er hat im 18. Jh. entdeckt, wie man die Preßrückstände der Oliven wiederverwenden und zu Öl verarbeiten kann. Nicht aus Preßrückständen, sondern aus reifen, handverlesenen und kaltgepreßten Früchten stammen die besten Olivenöle, die in Dolceacqua angeboten werden. Und ein guter Begleiter zu einheimischen Gerichten, die immer mit dem jungfräulichen *Olio d'oliva* zubereitet werden, ist der rote *Rossese di Dolceacqua,* neben dem *Cinque Terre* und dem *Colli di Luni* der dritte DOC-Wein Liguriens.

❶ IAT, Via Patrioti Martiri 56, ☎ 0184/206666.

🏠 **Gastone,** Piazza Garibaldi, ☎ 0184/206577. Kaninchen- und Lammgerichte serviert das Restaurant in der Nähe der Burg. ⑤

Über **Camporosso** mit seiner kunstreichen Pfarrkirche gelangt man wieder an die Küste zurück und erreicht ＊**Bordighera.** Auch hier, wie in San Remo, gibt es zwei Stadtteile mit völlig unterschiedlichem Charakter: Auf dem Capo Sant'Ampelio drängt sich die kleine Altstadt zusammen, die einst Fischern und Bauern gehörte und von der *Spianata del Capo* aus herrliche Küstenblicke eröffnet – in der Ebene breitet sich die elegante, noble Gartenstadt aus, die sich ganz und gar dem Fremdenverkehr verschrieben hat. Von Charles Garnier, dem Baumeister der Pariser Oper, stammt der Entwurf zum *Municipio* (19. Jh.). Ende des vorigen Jahrhunderts avancierte auch Bordighera zur beliebten Sommerfrische der Engländer. Berühmtester Angehöriger der großen englischen Kolonie war der Botaniker Clarence Bicknell, der auch als anglikanischer Pastor wirkte. Neben der Internationalen Stadtbibliothek gründete er im Ort das *Museo Bicknell,* dessen Hauptsehenswürdigkeit Tausende von Abdrücken der vorgeschichtlichen Felszeichnungen vom Mont Bégo (s. Route 7, S. 92) sind (🕐 Mo–Fr 9–13 und 15–18 Uhr).

❶ IAT, Via Roberto 1, ☎ 0184/262322 und 262323.

🏠 **Cap Ampelio,** Via Virgilio 5, ☎ 0184/264333, 📠 264244. Hügellage, ein üppiger Garten und perfekter Service sind Vorzüge des Hotels. ⑤⑤⑤
Della Punta, Via Sant'Ampelio 27, ☎ 0184/262555. Panoramalage direkt am Meer für Strandfans. ⑤

🏠 **La Via Romana,** Via Romana 57, ☎ 0184/266681. Jugendstilambiente im Luxushotel Londra und entsprechend erlesene Küche. ⑤⑤
Mistral, Via Aurelia 23, ☎ 0184/262306. Fisch und Gemüse sowie ein Hauch Provence bestimmen den Speiseplan. ⑤⑤

6

Seite 81

Route 7

Wo die ersten Ligurer zu Hause waren

Ventimiglia – Airole – Tende (Tenda)
(ca. 50 km)

Diesseits und jenseits der Grenze trifft man bei dieser Route, die ins benachbarte französische Val de Tende hinüberführt, auf die Spuren der ersten Siedler Liguriens. In den Höhlen der Balzi Rossi bei Ventimiglia genossen die Vorfahren der heutigen Rivierabewohner schon vor 200 000 Jahren das milde ligurische Klima, an den Felswänden der Vallée des Merveilles beim französischen Ort Tende haben Menschen vor 4000 bis 6000 Jahren ihren Alltag und ihren Glauben in 45 000 Felszeichnungen erzählt. Zu einer Touristenattraktion hat sich auch der Wochenmarkt in Ventimiglia entwickelt. Viele Käufer kommen aus dem nahen Frankreich herüber; denn die Grenze hat dem italienisch-französischen Waren- und Kulturaustausch hier niemals eine Barriere entgegengesetzt.

Eine Reise in die Vergangenheit braucht Ruhe, deshalb sollte man sich für die Route einen ganzen Tag Zeit lassen.

Ventimiglia wird heute von den meisten Besuchern schnell abgehakt und als chaotisch gewachsene, uninteressante Grenzstadt abgetan, die nur einen Besuch zum freitäglichen Wochenmarkt verdient. Aber man tut der Stadt damit unrecht: in der westlich der *Roia* auf einem Hügel zusammengedrängten Altstadt wie in der Neustadt, die sich östlich des

Dicht an dicht wohnt man hier beieinander

San Michele in Ventimiglia

7

Seite
80

Dolceacqua: eine Steinbrücke verbindet die beiden Stadtteile

Flusses ausdehnt, finden sich neben manch interessanter Sehenswürdigkeit auch Reste der Römerstadt.

Die ziemlich morbide *Altstadt* mit den hohen, düsteren Häusern und der zum Trocknen aufgehängten Wäsche läßt eher an Süditalien denken als an die Riviera. Doch gerade in diesen mittelalterlichen Straßenzügen kann Ventimiglia die nobelsten Zeugen seiner langen Geschichte präsentieren. Der Dom * *Santa Maria Assunta*, dessen Krypta mit vorromanischen Plastiken ausgeschmückt ist, das achteckige, mit der Kathedrale verbundene *Baptisterium* und die Kirche *San Michele* gehen aufs 11. Jh. zurück, sind aber im Laufe der Jahrhunderte unterschiedlich verändert und umgebaut worden.

Am östlichen Stadtrand von Ventimiglia dagegen bezeugt das Ausgrabungsgelände *Area Archeologica di Albintimilium*, daß hier vor 2000 Jahren eine blühende Römerstadt bestanden hat. Die trapezförmige Stadtmauer und drei Stadttore aus der Zeit um 70–50 v. Chr., Thermen aus der Zeit von Kaiser Augustus und ein Amphitheater

aus dem 2. und 3. Jh. n. Chr., das 4000–5000 Zuschauer fassen konnte, sind noch zu erkennen. Die Römer haben sich immer als großzügig erwiesen, wenn es darum ging, strategisch wichtige Städte mit öffentlichen Bauten auszustatten – und „Albintimilium" lag an der nach Gallien und Spanien führenden Handels- und Heerstraße *Via Julia Augusta*.

Die hier ans Tageslicht beförderten Fundgegenstände sind im *Museo Civico Archeologico* ausgestellt (☉ tgl. außer Mo 9.30–12.30 und 15–17 Uhr, Juli bis Sept. nachmittags 17–19 Uhr).

Noch sehr viel weiter in die Vergangenheit dieser Gegend führen die * *Balzi-Rossi-Höhlen*, die sich am Fuß roter Kalkfelsen in Grimaldi auftun, ganz in der Nähe der italienisch-französischen Grenze. Um die Mitte des vorigen Jahrhunderts begannen die Ausgrabungen, an denen sich gegen Ende des 19. Jhs. auch ein erlauchter Archäologe beteiligt hatte. Fürst Albert I. von Monaco untersuchte die nach ihm benannte *Grotta del Principe* (Fürstenhöhle). Den hier entdeckten Resten eines Arcanthropus-Menschen (Homo erectus) wird ein Alter von rund 200 000 Jahren zugeschrieben. Sehr viel jünger sind drei menschliche Skelette der altsteinzeitlichen Cromagnonrasse (15 000 bis 30 000 Jahre) aus der *Barma Grande-Höhle,* und daß auch schon unsere Urahnen Sinn für Schmuck hatten, belegen die Muschelketten, die man an Skeletten aus der *Grotta dei Fanciulli* fand.

Das vor den Höhlen gelegene *Museo Preistorico dei Balzi Rossi* (⏱ tgl. 9–19 Uhr, Besuch der Höhlen bis 1 Std. vor Sonnenuntergang) dokumentiert die unterschiedlichen Funde, die in diesen direkt am Meer gelegenen Höhlen ans Tageslicht gekommen sind.

Die Römer feierten hier ihre Artisten

Das Museum der Balzi Rossi wurde 1898 von Thomas Hanbury gegründet, einem erfolgreichen britischen Kaufmann, der sich hier an der Riviera noch größeren Ruhm durch den **Giardino Hanbury* erworben hat. Als er 1867 – wie viele seiner Landsleute – an die Riviera kam, um sich von einer Bronchitis zu erholen, verliebte er sich in das von Bougainvilleen und Aleppokiefern, Ölbäumen und Zitrusgewächsen bedeckte *Kap Mortola* bei Ventimiglia, kaufte es samt Villa an und begann mit der Anlage eines Botanischen Gartens, in dem exotische Pflanzen akklimatisiert wurden. Anfangs unterstützte ihn dabei sein Bruder Daniel, ein erfahrener Botaniker, später der deutsche Gärtner Ludwig Winter, dem an der Riviera viele Gärten zu verdanken sind und der auch der Blumenzucht einen entscheidenden Auftrieb gegeben hat. Auf dem 180 000 m² großen Grundstück, das bis ans Meer abfällt und vor kalten Nordwinden geschützt ist, gedeihen heute mehr als 4000 Pflanzenarten aus den fünf Kontinenten der Erde. Drei Kilometer lange Wege, die im unteren Parkteil mit der altrömischen Straße Via Julia Augusta zusammen-

Villa Hanbury: Tropische Innenhofidylle . . .

7

Seite **80**

. . . und exotische Pflanzenpracht im Botanischen Garten

treffen, führen an Palmen und Agaven vorbei, an Bananenbäumen und Bambussträuchern, am japanischen Garten, am exotischen Obsthain und am australischen Buschwald. Der Hanbury-Garten wird von Experten der Universität Genua vorbildlich instandgehalten, und ein kleines Gartencafé mit wunderbarem Küstenblick macht den Genuß dieses botanischen Paradieses erst vollkommen (☉ Juni–Sept. tgl. 9–18 Uhr, Okt.–Mai tgl. außer Mi 10 bis 17 Uhr).

❶ IAT, Via Cavour 61, ☎ 0184/351183.

🏨 **Balzi Rossi** in San Ludovico, Ponte San Ludovico, ☎ 0184/38132. Die prachtvolle Lage und die hervorragende Küche ziehen auch Stammgäste aus Frankreich an. Ⓢ)) **Marco Polo**, Lungomare Cavallotti, ☎ 0184/352678. Direkt am Meer ein gemütliches Lokal mit ligurisch-provenzalischer Küche. Ⓢ) **Baia Beniamin** in Grimaldi Inferiore, Corso Europa 63, ☎ 0184/38002. Ein Paradies für die Augen, eine Freude für den Gaumen Ⓢ) und dazu einige komfortable Zimmer. Ⓢ))

Veranstaltungen: Regata dei Sestieri mit historischem Umzug (1. Augustsonntag).

In Ventimiglia beginnt die *Val Roia*, die – obwohl sie fast 40 km lang auf französischem Gebiet verläuft – die beste Verbindung aus dem westlichsten Ligurien nach Cuneo und Turin im Piemont darstellt. Im Mittelalter führte auch die alte Salzstraße aus den Salinen von Nizza in die piemontesisch-lombardische Ebene durch das Tal. Anfangs unterscheiden sich die Dörfchen im Tal kaum von den anderen Hügelorten im ligurischen Hinterland. Die steinernen Häuser drängen sich wie schutzsuchend zusammen, auf den Hängen dehnen sich uralte, silbriggrüne Olivenhaine aus. In **Airole** leuchtet aus diesem felsengrauen Häuserknäuel, das sich in konzentrischen Ringen zusammenschließt, die hellgelbe, stuck-

verzierte Fassade der barocken Pfarrkirche *Santi Filippo e Giacomo* (17. Jh.) auf. Zum Dorf **San Michele** gehört unmittelbar an der französischen Grenze der malerische Weiler *Fanghetto*, der jahrhunderteweit vom mondänen Badebetrieb an der Küste entfernt zu liegen scheint und noch mit einer echten *romanischen Brücke* aufwarten kann.

Die Landschaft wird nun allmählich herber und alpiner, Lärchen- und Tannenwälder haben die letzten Ölbäume verdrängt, und die erste größere Ortschaft auf französischem Boden ist das am linken Roya-Ufer gelegene **Breil-sur-Roya**.

Nur eine Straße und ein kleiner Bach haben Platz in der *Gorges de Saorge*, einer abenteuerlich schmalen Schlucht, an deren Ausgang man einen faszinierenden Blick auf das herrlich gelegene Bergdorf **Saorge** hat, das sich mit hohen Häusern an einen steilen Berghang schmiegt.

Eine Bergwanderung (ca. 3 Std.) auf einem vielbegangenen mittelalterlichen Verbindungsweg zwischen Saorge und dem ligurischen Pigna (s. Route 6, S. 84) führt auf den 1161 Meter hohen Passo Muratone. Von diesem Paß aus kann man die Tour, die hier auf dem italienisch-französischen Grenzkamm verläuft, zum höhlenreichen Toraggio-Pietravecchia-Massiv fortsetzen, dessen Attraktion der schwindelerregende *Sentiero degli Alpini* ist (s. Route 5, S. 74).

Durch die *Gorges de Bergue*, eine weitere Schlucht mit rostfarbenen und grünen Schieferwänden, führt der Weg nach **Saint-Dalmas-de-Tende**. Kunstfreunde werden sich gleich mit dem Auto ins nahe mittelalterliche **La Brigue** begeben und von hier 4 km weiter zur Wallfahrtskirche *Notre-Dame-des-Fontaines*, die aus einer wildromantischen Schlucht emporragt. Die

Airole, ein typisches Dorf im ligurischen Hinterland

außen fast unscheinbare Kirche, die erstmals 1375 bezeugt wird, birgt einen Kunstschatz, der im ganzen Alpenraum vielleicht einzigartig ist.

Der piemontesische Künstler Giovanni Canavesio, dem wir schon in Taggia (s. Route 5, S. 75) und in Pigna (s. Route 6, S. 84) begegnet sind, hat den Innenraum mit großartigen **Freskenzyklen** ausgemalt. Auf einer Fläche von mehr als 320 m² beeindrucken u. a. die Darstellungen Jüngstes Gericht, Leidensweg Christi und Marienleben. Canavesio, dem hier auch Gehilfen zur Seite standen, verbindet in den farbigbelebten Szenen märchenhaftes Fabelerzählen mit realistisch-spöttischen Darstellungen. Die Entstehungsgeschichte der Fresken begleitet ein Kuriosum: Die Zyklen wurden am 12. Oktober 1492 vollendet – am selben Tag, als Kolumbus Amerika entdeckte und damit die Neuzeit begann.

Von der Kirche ist es nicht weit zu einer vorgeschichtlichen Kult- und Wallfahrtsstätte westlich von Saint-Dalmas-de-Tende.

Der 2872 m hohe *Mont Bégo* gilt als heiliger Berg der ligurischen Ureinwohner, und in der Vallée des Merveilles an seiner Südwestflanke sind in 1900 bis 2700 m Höhe an die 45 000 **Felszeichnungen** entdeckt worden, die bis zu 4000–6000 Jahre alt sind, aber größtenteils aus der Bronzezeit (um 1800–1500 v. Chr.) stammen. Sie stellen Waffen und pflügende Bauern dar, Hütten, Felder und geometrische Figuren, und dazu eine Vielfalt an Horntieren, wahrscheinlich Symbole eines uralten Fruchtbarkeitskults.

Im Sommer kommen bis heute Wanderhirten mit ihren Schaf- und Rinderherden aus der piemontesischen Ebene und von der ligurischen und provenzalischen Küste herauf. Wahrscheinlich waren es ihre Vorfahren, die diese stark stilisierten Figuren in die vom Quartärgletscher glattgeschliffenen Felsen eingeritzt hatten, die von ihrem Alltag und ihrer Religion erzählen.

Das außergewöhnliche Freilichtmuseum der Vorgeschichte war erstmals im vorigen Jahrhundert vom englischen Botaniker und Pfarrer Clarence Bicknell (s. S. 86) erschlossen worden, der hier von 1881 an fast zwölf Sommer in einem eigens erbauten Haus in Casterino am Nordwestfuß des Mont Bégo verbracht hatte.

Das Gebiet der Felszeichnungen gehört seit 1979 zum französischen *Parc National du Percantour.* Um die vorgeschichtlichen Felsgravuren vor Vandalen zu schützen, die in wenigen Jahren mehr Schäden anrichten könnten als Natur und Witterung in 4000 Jahren, sind einige Gebiete nur in Begleitung von Führern zugänglich.

Vom Lac des Mesces (1375 m), den man von Saint-Dalmas-de-Tende mit dem Auto erreicht, sind es zu Fuß noch zweieinhalb Stunden bis in die Vallée des Merveilles, die, gutes Wetter vorausgesetzt, von Juni bis Mitte Oktober zugänglich ist. Der berühmteste Stein in diesem „Tal der Wunder" ist der *Chef de Tribu,* der „Häuptling". Und der darf ausnahmsweise berührt werden; denn hier oben befindet sich eine Kopie, während die echte Felszeichnung im Museum von **Tende (Tenda)** sichergestellt worden ist.

Der alte, malerische Handelsort wird von den Resten einer mittelalterlichen Burg überragt, die von französischen Truppen 1691 zerstört wurde. Viele Häuser im Ortszentrum haben reliefgeschmückte Portale mit Inschriften des 15. und 16. Jhs. Von ganz besonderer Schönheit ist das Hauptportal des 1518 geweihten Doms *Notre-Dame de l'Assomption.* Mariä Himmelfahrt, Mariä Verkündigung und Jesus mit den zwölf Aposteln haben Steinmetze aus dem ligurischen Dorf Cenova in das grüngraue Serpentingestein eingemeißelt – ein gutes Beispiel für „grenzenlosen" Kulturaustausch in diesem italienisch-französischen Grenzgebiet.

❶ Syndicat d'Initiative, c/o Mairie, F-06430 Tende.

7

Seite
80

Praktische Hinweise von A–Z

Ärztliche Versorgung

Gegen Vorlage des Vordrucks E 111 (bei den Krankenkassen) haben Pflichtversicherte aus den EU-Ländern in Italien Anspruch auf ärztliche Behandlung. Voraussetzung ist, daß man sich an die zuständige US L (Unità Sanitaria Locale) wendet, die mit Vertragsärzten und -krankenhäusern zusammenarbeiten. Da in etlichen Fällen ein Teil der Kosten vom Patienten zu tragen ist, bzw. Praxisärzte meist Bargeld bevorzugen, empfiehlt sich der Abschluß einer privaten Reisekrankenversicherung.

Diplomatische Vertretungen

Deutsche Botschaft in Italien:
Via Po, 25c, I-00189 Roma,
☎ 06/860341.

Deutsches Generalkonsulat in Ligurien: Via San Vincenzo, 4/28, I-16100 Genova, ☎ 010/590841.

Österreichische Botschaft in Italien: Via Pergolesi, 3, I-00198 Roma, ☎ 06/8558241.

Österreichisches Generalkonsulat in Ligurien: Via Assarotti, 5, I-16122 Genova, ☎ 010/8393983.

Schweizer Botschaft in Italien:
Via Barnaba Oriani, 61, I-00197 Roma, ☎ 06/803641.

Schweizer Generalkonsulat in Ligurien: Piazza Brignole, 3/6, I-16122 Genova, ☎ 010/565620.

Einreise

Für die Einreise nach Italien genügt ein gültiger Personalausweis oder Reisepaß, für Kinder ein Kinderausweis.

Feiertage

Italienische Feiertage sind: der 1. Januar, der 6. Januar (Dreikönig), Ostersonntag und -montag, der 25. April (Nationalfeiertag – „Tag der Befreiung"), der 1. Mai, Pfingstsonntag, der 15. August (Mariä Himmelfahrt, „ferragosto"), der 1. November, der 8. Dezember (Mariä Empfängnis) und Weihnachten (25. und 26. Dezember).

Geld und Währung

Die italienische Lira (Lit., L.) ist in Münzwerten von 5, 10, 20, 50, 100, 200 und 500 Lire in Umlauf. Banknoten gibt es zu 1000, 2000, 5000, 10 000, 50 000 und 100 000 Lire. Ausländische Währung und italienische Lire dürfen bis zu einem Wert von 20 Millionen- Lire ein- und ausgeführt werden. Größere Geldbeträge sind bei Ein- und Ausreise zu deklarieren. Für 1 DM bekommt man ca. 1050 Lire (Stand: Dez. 1995).
Eurocheques werden bis zu einem Betrag von 300 000 Lire eingelöst. Die meisten Hotels, Restaurants und Geschäfte akzeptieren die gängigsten Kreditkarten.
In allen größeren Orten Liguriens gibt es Bankautomaten („Bancomat"), bei denen Geld mit ec-Karten oder bestimmten Kreditkarten abgehoben werden kann.

Haustiere

Für Haustiere (Hunde und Katzen) wird bei der Einreise eine Tollwutimpfbescheinigung und ein amtstierärztliches Gesundheitszeugnis verlangt. Da in Ligurien eine von Stechmücken übertragene Filariose verbreitet ist, sollte man Hunde vor der Anreise vorbeugend entsprechend behandeln.

Information

Auskunft im Heimatland erteilen die staatlichen italienischen Fremdenverkehrsämter ENIT in:

D-40212 Düsseldorf, Berliner Allee 26, ☎ 02 11/13 22 32, 🖷 13 40 94;

D-60329 Frankfurt/Main, Kaiserstr. 65, ☎ 0 69/23 74 30, 🖷 23 28 94;
D-80336 München, Goethestr. 20, ☎ 0 89/53 03 69, 🖷 53 45 27;
A-1010 Wien, Kärntner Ring 4, ☎ 02 22/5 05 16 39, 🖷 5 05 02 48;
CH-8001 Zürich, Uraniastr. 32, ☎ 01/211 36 33, 🖷 211 38 85.

Auskunft in Ligurien bekommt man bei: Servizio Regionale di Promozione Turistica, Via Fieschi 15, I-16121 Genova, ☎ 010/5484918, 🖷 541046 (für ganz Ligurien) sowie die bei den Ortschaften der einzelnen Routen angeführten touristischen Informationsbüros (APT, IAT oder Pro Loco).

Kriminalität

Grundsätzlich gilt: keine Wertsachen im Auto liegen lassen, das Auto immer verschlossen abstellen, Bargeld im Hotel deponieren. Auf Handtaschen und Fotoapparate ist auch beim Gang durch größere Städte (besonders im Hafenviertel von Genua) zu achten.

Notruf

Allgemeiner Notruf: ☎ 113.
Carabinieri: ☎ 112.
Feuerwehr: ☎ 115.
Pannenhilfe: ☎ 116.
Ärztlicher Notdienst: ☎ 118.

Öffnungszeiten

Apotheken, Einzelhandelsgeschäfte und *Supermärkte* sind gewöhnlich Mo–Sa von 9–13 und von 15.30–19.30 Uhr geöffnet (in vielen Orten bleiben die Läden Mo vormittags geschl.).
Banken Mo–Fr von 8.30–13.30 Uhr und meist auch eine Stunde am Nachmittag.
Die bedeutendsten *Kirchen* sind tgl. von 8–12 Uhr und von 15 oder 16 bis 19 Uhr geöffnet, kleinere Dorfkirchen oft nur an Sonn- und Feiertagen und zu den Gottesdienstzeiten (Besichtigungen während der Messe werden nicht gern gesehen).
Sehr unterschiedlich und daher immer vor Ort zu erfragen sind die Öffnungs-

zeiten von *Museen,* touristisch erschlossenen Höhlen und öffentlichen Parks. Staatliche Museen und Sammlungen sind meist Mo geschlossen.

Rechnungen und Belege

In Restaurants, Hotels, Campingplätzen, Werkstätten u. a. ist auch der ausländische Tourist verpflichtet, sich eine Rechnung („ricevuta fiscale") ausstellen zu lassen – was auch für die Kassenbelege von Läden und Cafés gilt.

Bei Kontrollen durch die italienische Finanzpolizei muß man ohne diese Quittung mit Geldstrafen rechnen.

Telefonieren

Außer von den öffentlichen Fernsprechämtern der Telefongesellschaft Telecom aus kann man In- und Auslandsgespräche von allen Telefonzellen führen. Sie funktionieren mit 100-, 200- und 500- Lire-Münzen oder mit Telefonmünzen („gettoni"), in der Mehrzahl auch mit elektronischen Telefonkarten („scheda telefonica"), die in Tabakläden, bei den Telecom-Ämtern und an Autobahnraststätten erhältlich sind.

Die Vorwahl von Italien ist: 0049 für Deutschland, 0043 für Österreich, 0041 für die Schweiz.

Zoll

Seit dem Schengener Abkommen gibt es für Touristen aus EU-Staaten praktisch keine Zollkontrollen mehr. Folgende Höchstmengen gelten als Richtwert: 800 Zigaretten, 200 Zigarren, 1 kg Tabak, 10 Liter Spirituosen, 90 Liter Wein und 110 Liter Bier.

Schweizer können Geschenke bis zu 200 sfr mitbringen, zusätzlich 200 Zigaretten, 1l Spirituosen und 2l Wein. Deutsche Reisende müssen an der Schweizer Grenze alle Waren deklarieren, die diese Freimengen überschreiten, und eine Kaution hinterlegen, die am Ende der Transitstrecke zurückerstattet wird.

Register